잘 아는, 그러나 알지 못하는
몸의 일기

잘 아는, 그러나 알지 못하는

몸의 일기

박연옥
코요테
작은물방울
노라
이유하

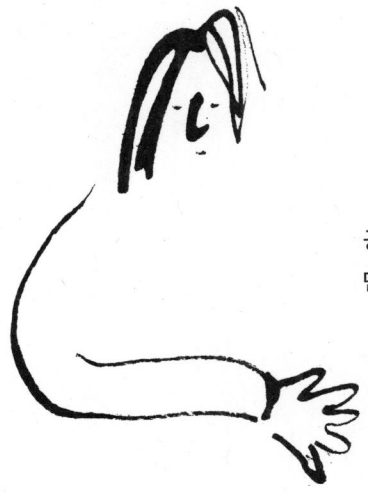

나의 시간과
공간과 기억이 쌓여
만들어진 몸 이야기

느린
서재

프롤로그

'몸들의 네트워크'와
몸의 일기

1.

우리 세대의 특징일지도 모르지만, 나는 오랫동안 몸이 아니라 이성과 의지가 '나'라고 생각했다. 그 생각은 자주 균열을 일으켰다. 지금은 '데이트 성폭력'이라고 분명히 명명되지만, 그때는 그런 이름조차 없었던 일들이 나와 내 주변에서 벌어졌을 때, 소위 '산부인과 굴욕 의자'에서 주먹을 불끈 쥐고 수치심을 참았을 때, 아이를 포대기로 둘러업고 밥을 물에 말아 김치 몇 쪽과 함께 허겁지겁 들이켰을 때, 몸은 나에게 아우성을 쳐 신호를 보냈다. 그때

야말로 내가 몸에 대해, 몸의 위치성에 대해, 그 몸과 맺는 감각에 대해 진지하게 생각할 기회였을지도 모르겠다. 하지만 나는 그 신호들 앞에서 멈추기보다 '거대' 담론 속으로, 페미니즘 '이론' 속으로 서둘러 도망갔다. 나중에 귀를 뚫고 늘어진 귀걸이를 달았을 때, 그 찰랑거림을 좋아한다는 사실을 알아차린 이후, 나는 오랫동안 스스로 몸을 소외시켜 왔다는 것을 알게 되었다.

2.
몸은 나에게는 늙은 어머니의 손상된 몸, 그녀에 대한 '등이 휠 것 같은' 돌봄, 친구의 갑작스러운 유방암 진단 등과 함께 비로소 삶 전면에 출현했다. 몸은 이제 아픈 몸, 늙은 몸, 언젠가는 죽을 몸으로 현전했고, 나에게도 공동체 친구들에게도 더 이상 피할 수 없는 질문이 되었다. "신체적, 정신적, 사회적으로 완전한 상태"(세계보건기구)라는 건강 이데올로기나 레오나르도 다 빈치가 재현한 '비트루비우스적 인간Vitruvian Man'의 완벽한 몸 이데올로기에 휘둘리지 않고, 불완전한 상태로도 잘 살고, 잘 아프고, 잘 늙고, 잘 죽을 수 있을까? 그런 지혜를 탐구하는 공부가 이제 필요하지 않을까?

'양생 프로젝트'라는 이름의 1년짜리 프로그램을 만들었다. 그리고 2020년 첫 해, 우리는 한편으로 푸코의 '생명권력'을 탐색하고, 다른 한편으로 몸을 다룬 다양한 책들을 읽어나갔다. 그러던 중 다니엘 페나크의 소설 『몸의 일기』를 만났다. 주인공은 어린 시절 친구들의 장난으로 나무에 묶인 채 숲에 버려졌고, 겁에 질려 똥을 쌌다. 그는 수치심과 두려움을 반복하지 않기 위해 몸의 일기를 쓰기로 결심한다. 이후 열세 살부터 여든여덟 살까지, 몸에서 벌어지는 온갖 디테일한 사건과 그 당시 느낀 자신의 시시콜콜한 감정들을 생생하지만 담백하게 기록한다. 우리는 이 글쓰기에 감탄하고, 누구에게나 있었던 자기 몸의 기억을 환기했다. 무엇보다 "이렇게 써보고 싶다"라는 말할 수 없는 충동에 사로잡혔다.

다음 해 함께 공부하던 20대에서 50대 친구들 열한 명이 인터넷상에 커뮤니티를 열어 10주 동안 '몸의 일기'를 쓰는 프로젝트를 진행했다. 나는 어깨 회전근개가 파열되었고, 잇몸이 상해 씹을 수 있는 음식이 거의 없고, 심한 골다공증 진단을 받는 등 주로 노화와 관련하여 징징거리는 글을 썼다. 어떤 친구는 단소 소리를 제대로 내기 위해 '몸을 쓴다'는 것이 무엇인지 진지하게 탐색했다. 20대 청년은 친구와 동거하면서 '누군가의 몸과 함께 산다'는 것의 기쁨과 슬픔을 풀어놓았다. 외모 콤플렉스, '숏다리' '외꺼풀' '체중' 같은 이야기는 늘 단골 소재였다.

열한 명의 열한 개 몸 이야기는 모두 개별적인 몸 이야기였지만, 동시에 권력에 의해 격자화된 사회적 몸 이야기이기도 했다. 우리들 n개의 몸 이야기는 그사이를 가로지르며 분투 중이었다.

3.
여기 실린 다섯 명의 몸의 일기는 일리치약국 뉴스레터 「건강한달」에 근 3년에 걸쳐 연재되었던 글이다. 누구나 공감할 수 있는 평범한 몸들의 이야기이지만, 나에게는 모두 각별한 글이다.

노라는 문탁 네트워크(묻고 연마한다는 뜻으로, 삶의 비전을 찾는 공부와 대안적인 삶의 형식을 만들기 위해 만든 자발적 공동체) 17년 내내 공동체 '인싸'였는데, 어느 날 유방암에 걸렸다. 깜짝 놀란 우리는 '노라 서포터즈'를 구성해 노라와 함께 질병과 돌봄을 겪었다. 그 경험을 통해 우리는 일상을 함께 꾸릴 친구들이 있다면, 아무리 호된 질병에 걸리더라도 단순히 '환자'로만 살지 않을 수 있다는 걸 깨닫게 되었다.

문탁의 대표적인 '까도녀', 겸목이 피아노를 배우기 시작했다는 사실은 한동안 우리를 즐겁게 만들었다. 우리는 "겸목이 피아노를?" "아니, 왜?"라며 뒷담화를 즐겼지만, 그녀가 피아노를 통해 몸을 쓰는 기쁨을 느끼길, 공부가 생각만큼 늘지 않아 힘들어하는 친구들의 마음을 이해하길 바랐다(아마도 그 바람은 이루어진 것 같다).

팬데믹 이후, 인문학 공동체에 비대면 세미나가 많아졌고, 시공간의 제약이 사라지자 내가 꾸린 〈나이듦과 자기서사〉라는 프로그램은 전국구, 아니 글로벌 세미나가 되었다. 구성원들도 다양해졌는데, 특히 비혼과 성 소수자들의 참여가 늘었다. 코요테는 그때부터 함께 공부하게 된 미국 애틀랜타의 퀴어이다. 난 그에게 디디에 에리봉 같은 비판적 '자기기술지autoethnography'를 시도해 보라고 권했다. 수치와 모욕을 쓰고, 그것의 사회적 구조를 분석하는 과정에서 자신의 두려움과 직면할 수 있다고 믿었기 때문이었다. 그의 글을 읽으며 그의 삶을 응원했고, 더 깊은 우정을 나눌 수 있었다.

이유하와 작은물방울의 글도 마찬가지였다. 이유하의 자궁근종과 다한증은 나의 입냄새(얼마 전 딸이 외할머니의 입냄새가 난다고 했다. 그 충격을 나의 '몸의 일기'에 기록했다)와 팔자 주름 속에서 몰입되어 읽혔다. 작은물방울의 요가 이야기가 단순한 운동 기록이 아니라 살기 위한 용기라는 것도 알게 되었다.

그러므로 이 책에 실린 몸의 일기는 각자 따로 쓴 것이지만, 동시에 우정의 네트워크 속에서 함께 쓴 것이기도 하다. 때로는 적극적인 피드백으로, 때로는 필요한 실천을 함께 조직하면서 우리는 서로의 몸과 삶에 대해 개입하고 응답해 왔다. 지금 와서 생각해 보면, 우리는 공부공동체 이전에 얽힌 몸들의 네트워크였는지도 모르겠다. 그리고 얽힌 몸들의 소란과 갈등 속에서, 유한한 존재들의 삶과 죽음에 대해 말한다는 건 어쩌면 가장 정치적이고 윤리적 행위일 것이다.
내 친구들의 곡진한 '몸의 일기'가 더 많은 친구에게 가닿기를 바란다.

2025년 가을. 이희경 『한뼘 양생』 저자

차례

프롤로그 '몸들의 네트워크'와 몸의 일기   005

퐁당퐁당 피아노 박연옥   014
나의 퀴어 코요테   056
아무것도 되지 않아도 작은물방울   102
암과 함께 노라   142
어디까지가 나일까 이유하   188

에필로그 '몸'을 출발점으로 시작하기   223

퐁당퐁당 피아노

박연옥

글쓰기 및 인문학 강사. 읽기와 쓰기로 이루어진 간소한 삶을 꿈꾸며, 생활과 생계 사이에서 난리블루스를 추고 있다. 『영혼과 정치와 윤리와 좋은 삶』, 『문학처방전』을 썼고, 함께 쓴 책으로 『문탁네트워크가 사랑한 책들』이 있다.

조이음악학원
입문기

중학교 1학년 2학기에 서울에서 수원으로 전학을 갔다. 3학년 1학기에 다시 서울로 전학을 왔다. 그사이에 우리 집 경제는 '풍비박산'까지는 아니지만 이사를 두 번이나 해야 할 정도로 풍전등화 일보 직전이었다. 중학 생활 3년 동안 세 학교를 거치는 불운, 버스를 한 번 갈아타야 하는 원거리 학교에 배정되는 악재까지 겹쳤다. 통학 시간은 평소보다 한 시간 이상 길어졌고 오롯이 그 시간을 길바닥에서 보내야 했다.

그럼에도 나는 그 시간을 좋아했다. 형선이 때문이

다. 내내 중학교 근처에 살던 형선은 학기 초에 낯선 동네로 이사했고, 졸업까지 남은 1년 동안 장거리를 통학해야 하는 학생이었다. 중간고사와 기말고사 기간에는 공부할 시간이 줄었다고 투덜거렸지만, 형선도 나와 마찬가지로 그 시간을 좋아했다.

중학교 3학년 때 몸무게가 3~4킬로그램 늘었다. 폭풍 성장하는 청소년기의 특성인지, 매일 버스 뒷자리에서 먹던 주전부리 때문에 늘었는지는 알 수 없다. 형선과 나는 둘 다 살이 오동통하게 올랐지만, 여전히 교문을 나오며 분식점을 순례하고, 입가심으로 복숭아맛 음료수를 하나씩 사 들고 버스를 탔다. 버스 맨 뒷자리에 앉아 달콤한 음료수를 마시며 학교 성적, 즐겨 보는 텔레비전 프로그램, 형선이 좋아했던 사회 선생, 브룩 쉴즈와 소피 마르소 책받침 중 뭘 살까 등등에 대해 끝없이 떠들었다. 각자 다른 버스로 환승해야 하는 버스정류장에서 헤어지기 아쉬워 그 주변을 몇 바퀴씩 맴돌았다. 그때 마셨던 음료수 이름이 '피크닉'이다. 언젠가 대형할인매장에서 박스째 쌓여 있는 피크닉을 발견했을 때, 반사적으로 달콤한 복숭아 맛이 느껴졌다. 프루스트에게 마들렌이 있다면 나에겐 피크닉이 있다.

형선의 부모는 맞벌이였고 형선은 외동딸이었다. 이 말은 하교 후에 집에 가도 아무도 없다는 뜻이다. 우리는 어른 없는 집에서 라면을 끓여 먹기도 하고, 숙제도 하고, 형선의 어머니가 구독하는 미술 계간지를 훑어보기도 했다(초등학교 교사였던 형선의 어머니는 고상한 취미가 있는 우아한 분이었다).

형선은 피아노 치는 걸 좋아했다. '좋아했다'는 말로는 부족하다. 피아노 선생이 예고 입시를 준비하라고 강권할 만큼 잘 쳤다. 맞벌이로 바쁜 부모는 혼자 있는 딸이 외롭지 않도록 피아노를 가르쳤다고 한다. 형선의 부모는 외동딸이 공부도 잘하고 피아노도 즐길 줄 아는 아이가 되길 바랐지, 피아니스트가 되는 걸 원하지 않았다. 부모의 기대를 꺾을 만큼 고집을 부리지 않았지만 형선은 피아노에 미련이 많았다. 그래서 내게 피아노를 쳐주었을 때, 명랑하고 쾌활한 그 아이에게 어울리지 않는 약간의 침울한 분위기가 감돌았다. 살면서 포기해야 하는 것도 있다는 걸 감지한 어른스러운 말투가 불쑥 나오기도 했다. 이건 내가 사랑한 형선의 모습이다. 우정이었을까, 연애 감정이었을까? 분명하지는 않다. 분명한 건 형선은 내가 처음으로 애매모호한 감정을 느낀 사람이란 거다.

연합고사가 끝나고, 졸업식을 며칠 앞둔 우리는 벌써 고등학생이 된 듯한 마음이었다. 같은 고등학교로 배정받은 우리는 고등학교 1학년 수학을 미리 공부해 둬야 한다고 걱정하면서도 들떠 있었다. 그날 눈이 내렸다. 점심으로 장터국수에서 우동을 사 먹고 형선네 집으로 올라와 아파트 베란다에 서서 펑펑 내리는 눈을 구경했다. '집에 갈 때 미끄럽겠다'라고 속으로 걱정하면서도 폭설로 고립된 공간에 단 둘이 남겨졌다는 생각에 기분이 묘했다.

그때 형선이 피아노를 쳤다. 아주 긴 곡이었다. 쇼팽의 곡이었을까? 라흐마니노프의 작품이었을까? 가끔 그 순간을 되새겨볼 때마다 곡명을 떠올리려 애써보지만 기억나지 않는다. 공부하기는 싫지만 시험 성적은 잘 받고 싶어 쉴 새 없이 징징거리던 형선의 모습은 간데없고, 피아노 연주에 몰입한 소녀가 눈앞에 있었다. 형선은 장난기 없는 표정으로 20분가량 연주했다. "정말 좋아하는 곡이야. 나는 정말 피아노를 사랑해!" 형선의 고백에는 한 치의 거짓이 없었다. '이 애는 정말로 피아노를 좋아해! 이런 형선을 나는 좋아하는구나!' 마음의 소리로 울려 퍼진 나의 고백에도 한 치의 거짓이 없었다.

고등학교 3년 내내 우리는 시험공부를 같이하고, 수학여행을 같이 가고, 숱하게 매점을 들락거렸지만, '베프'가 되지 못했다. 중학교 3학년, 1년 동안 버스를 같이 타고 다니며 떠들었던 대화량을 고등학교 3년 동안 따라잡지 못했다. 각자 마음 터놓고 지냈던 친구가 따로 있을 만큼, 그때 형선과 나는 서로에게 2순위 혹은 3순위 친구였다. 눈 내리던 날 피아노를 쳐주던 형선의 모습은 나에게 판타지처럼 각인되어 있다. 이 장면의 장르는 아직도 알 수 없다. 성장소설? 로맨스?

풍전등화이던 우리 집과 달리 안정적인 중산층 가정이었던 형선의 집은 내게 내리는 눈을 잠시 피하는 대피소 같은 곳이었는지도 모르겠다. '고등학생이 되면 뭐할까? 대학생이 되면 뭐할까?' 형선의 집에서는 아무 걱정 없이 미래를 꿈꿀 수 있었다. '우리 집은 나를 대학에 보내줄까? 대학 등록금을 낼 수 있을까?' 하는 걱정 따위는 끼어들 틈이 없는 안온함을 형선의 집에서 느꼈다. 내가 좋아했던 건 형선일까, 안온함일까, 어른 없는 집에서 느낀 해방감일까?

나는 쉰네 살에 피아노 교습을 시작했다. 이사한 아파트 정문에 피아노 교습소가 있었고, 언젠가 한번 배워보고 싶었기에 시작하기로 마음먹었다. 일주일에 두 번 피아노 교습을 받는다. 미로처럼 칸막이가 쳐진 작은 방에서 "도레도레…" 피아노를 뚱땅거리고 있을 때, 가끔 원장이 그랜드피아노를 연주하는 소리가 들려온다. 귀에 익은 곡들이다. 쇼팽의 〈녹턴〉일 때도, 히사이시 조의 〈섬머〉일 때도 있다. 이럴 때 내 손가락은 건반 위를 허둥거리며 "종소리 울, 려, 라, 종, 소, 리, 울, 려" 힘겹게 종을 쳐대지만, 머릿속에선 물음표가 떠오른다. '형선이가 쳤던 피아노곡이 저 곡이었을까?' 이런 생각 끝엔 피크닉의 달콤한 맛이 따라온다.

피아노 교습 한 달 차, 기억의 저장소에서 잊고 있던 친구가 떠올랐다. 이렇게 조이음악학원 생활이 시작됐다.

초능력이 없어서

처음 받은 교재는 세광음악출판사에서 나온 『바이엘 하자 2』다. 책을 열어보고 감탄했다. 초보자들이 건반 위치를 쉽게 외울 수 있도록 구성되어 있다. '솔-파-미 미-레-도 레-미-레 도-레-미.' 간단한 음계가 연달아 이어진 악보는 치기 쉽고, 나름의 멜로디가 존재해 피아노 건반을 두드리는 재미가 있었다. 뚱땅거리지만 익숙한 멜로디가 들려올 때마다 신기했다. 건반을 누르면 소리가 난다는 사실을 처음 발견한 사람처럼 혼자 놀랐다. 초보 운전자 시절, 기어를 D-R-N-P로 넣으면 차가 앞이나 뒤로 가거나 정지하는 게 신기했던 것처럼 말이다. 그러니까 '초보'란 놀라는 사람이라는 뜻이다. 내가 뭘 하는지 모르기 때문에 흥분되고 신기하고 무섭다. "어떡해! 어떡해!"

아주 간단한 악보라도 오른손과 왼손의 음계가 다르다는 점이 너무 어려웠다. 초중고등학교 12년 동안 음악 과목을 배웠다. 점수를 잃지 않기 위해 계이름을 익히고, 박자를 계산하고, 조바꿈을 배우고, 3도 화음과 5도 화음을 열심히 외워 시험을 봤다. 그러나 피아노 앞에 앉으니 하나도 기억나지 않았다. 학교 교육에서 배웠던 건 '가온도'의 음계라는 것을 알게 되었다. 가온도를 중심으로 높은 도, 더 높은 도, 낮은 도, 더 낮은 도로 이어진다. 그걸 왼손과 오른손이 따로 연주해야 한다는 건 눈과 머리와 손이 동시에 '따로 또 같이' 움직여야 한다는 의미다. 눈으로 악보를 보고, 머리로 계이름을 생각하고, 손으로 건반을 치는 세 단계 프로세스로는 박자를 놓치기 일쑤다. 눈으로 악보를 보는 동시에 자동으로 손이 그 건반에 가 있어야 연주가 가능하다. 그런데 나는 눈으로 악보라는 외국어를 읽을 수 없고, 머릿속은 하얘지고, 손은 안절부절 어찌할 바를 모르고 있다. 그때 '손가락에 눈이 달려서 알아서 했으면 좋겠다'고 생각했다. 특히 왼손으로 쳐야 하는 낮은음자리 악보는 계이름을 읽기도 어려웠다. 피아노 초보자가 왼손과 오른손 악보를 동시에 읽고 연주한다는 건 초능력이 절실히 필요해지는 순간이다.

옆 칸에선 유치원생이 연습을 하고 있다. 유치원생도 해내는 일을 못해서 버벅거리고 있는 걸까? 아니, 노화로 뇌의 활성화가 늦으니 유치원생보다 못하는 게 당연하다. 아니, 나만 못하는 거다. 아니, 처음이라서 그렇다. 익숙해지면 남들처럼 칠 수 있을 거다. 정말 익숙해지는 날이 올까? 초능력은 멀리 있고 내적 갈등은 요동친다.

작은딸은 초등학생 때 피아노 앞에만 앉으면 꾸벅꾸벅 졸고, 한 번 연습하고 동그라미를 세 개씩 그리는 눈속임을 밥 먹듯이 했다. 그때 딸도 나처럼 내적 갈등에 부대끼며 초능력을 간절히 찾고 있었겠지. 그런데 어려서 어떻게 힘든지 말을 제대로 못했구나! 난 알지도 못하는 걸 애한테 하라고 했구나! 뒤늦게 자책했다. 이런 생각을 하며 피아노학원을 나와 집을 향해 걸어갔다. 뒤에서 "엄마" 하고 부르는 소리가 들렸다. 귀신같이 나타난 작은

딸이다.

"왜 고개를 푹 숙이고 가?"

"피아노 치기, 너무 어려워."

"원래 어려워."

"내가 제일 못해. 조이음악학원 학생 중에서 실력이 꼴찌야."

"정말?"

"나보다 못하는 애는 없어."

칸막이 쳐진 공간에서 피아노와 씨름하며 옆에서 흘러나오는 소리를 듣는다. 현란하게 잘 치는 소리는 관심 대상이 아니다. 원장이 중앙에 있는 그랜드피아노로 본인의 연주 실력을 뽐내는지, 너무 못 치는 수강생들 때문에 쌓인 스트레스를 푸는지, 열광적으로 연주 중이다. 그 소리는 라디오에서 들려오는 배경음악 같다. 내 귀는 나처럼 『바이엘』을 연습하고 있는 사람들의 피아노 소리가 들려올 때 쫑긋거린다. 나보다 조금은 잘 치는, 그 소리를 들으며 '나는 언제쯤 저렇게 될까' 궁금해진다. 앞니도 빠지고 더하기 빼기도 헷갈려 할 것 같은 꼬맹이들이 말랑말랑한 손가락으로 피아노 건반을 두드릴 때, 그게 부럽다. 난 피아노를 배우는데, 아이들은 피아노 앞에서 논다. 집중력이 짧아 금세 산만해지고 피아노에서 내려와 달콤한 간식을 찾지만, 어느새 또 피아노 의자 위에 웃으며 올라가 있다.

어떻게 해야 잘 칠 수 있을까? 워크북으로 계이름 공부도 하고, 연습하던 곡의 계이름을 외워보기도 했다. '악보를 읽은 후 건반을 치니 늦을 수밖에. 계이름을 외우는 수밖에 없겠구나' 싶었다. 지금 연습하는 곡들은 간단해서 외우기가 까다롭지 않았다. 종일 피아노를 치는 일만 생각하고 사는 게 아니니 길을 걷거나, 신호등이 바뀌기를 기다릴 때 종종 악보를 외웠다. 그래서 조금은 능숙하게 한 곡을 마치면 칭찬도 들었다.

학원 정중앙에 그랜드피아노가 놓여 있다. 각자 작은 연습실에서 연습하다가 자기 차례가 되면 원장이 있는 그랜드피아노로 가서 레슨을 받는다. 이때 원장뿐 아니라 학원에 있는 모든 사람에게 내 연주가 공개된다. 이 순간, 엄청 떨린다. 연습실에서는 능숙하게 넘어갔던 부분도 모두가 듣고 있다고 생각하면 더 안 쳐진다. 내가 이 정도로 못 치지 않는데, 증명할 방법이 없어 억울하고 주

눅이 든다. 연습실에서 내가 악보에 맞게 착착 연주하는 순간을 원장이 알아줬으면 싶지만, 칸막이 사이로 여러 대의 피아노 소리가 동시에 울려 퍼지니 그런 일은 일어날 수 없다.

나는 수요일, 목요일, 금요일에 출근하기 때문에, 학원에는 월요일, 화요일 이틀을 간다. 레슨 일에 맞춰 꼬박꼬박 학원에 가기가 어렵다. 약속이 잡히거나 바쁘면 이틀 일정을 내기 힘들다. 행사를 준비하느라 3주를 내리 빠진 적도 있다. 3주 만에 피아노학원에 가니, 두려웠다. 또다시 피아노 앞에서 '까막눈'이 돼서 허둥거릴 생각이 드니 아찔했다. 원장은 날 보고 3주 만에 오니 다 까먹었다며 한숨을 푹 쉬셨지만, 내심 기뻤다. 걱정했던 것보다는 많이 기억났기 때문이다. 눈으로는 악보를 못 읽지만 손가락은 이미 그 건반에 가 있었다. 언제 이렇게 자동적으로 칠 수 있게 된 걸까? 혹시 초능력이 생겼나?

여전히 나는 조이음악학원에서 실력이 꼴찌다. 3주를 결석하는 바람에 석 달 같은 두 달 차 피아노 교습생이다. 50대에 피아노를 시작했으니 이미 늦깎이 학생이다. 익숙해지는 데 다른 사람보다 더 오래 걸리고, 연습한 표도 나지 않는다. 백사장에 모래 한 삽 더하는 정도다. 레슨 날짜를 지키려고 하지만, 그걸 고집하면 다른 일정에 차질이 생긴다. 일상이 굴러가지 않는다. 성인 수강생들이 아이들처럼 진득하게 오래 레슨을 받지 않는다고 푸념하는 원장께 이런 말씀을 드리고 싶다.

"가끔 빠지지만, 아주 그만두지는 않을 거예요."

여전히 난, 퐁당퐁당 피아노학원을 들락거리고 있다.

피아노 교습 두 달 차, 가장 심혈의 기울인 곡은 〈나비야〉다. 지금까지 연습했던 곡 가운데 왼손 반주가 가장 복잡했다. '솔-레-시-레'를 반복하며 한 번씩 '라-레-도-레'를 쳐주면 되는데, 이 변환이 쉽지 않아 손이 자꾸 어긋났다. 하루는 두 시간 동안 〈나비야〉만 연습한 날도 있다. 그다음 날 나비가 힘겹게 날갯짓을 했다. "나-비-야, 나-비-야, 이-리-날-아 오-너-라."

분명 전날보다 가뿐하게 나풀나풀 날아왔다. 정말 초능력이 생겼나?

'알찬' 소리를 입력하다

피아노 교습 두 달 차까지는 높은음자리보표와 낮은음자리보표 악보를 읽고, 왼손과 오른손을 동시에 치는 게 주어진 과제였다. 석 달 차에 접어들며 악보를 읽는 속도가 약간 빨라졌고, 기억력과 건반의 위치를 찾아가는 순발력도 좋아졌다. 악보와 좀 친해졌다고 느껴질 때쯤, 교재 한 권이 끝났고 새 책을 받았다.

새 책엔 새로운 과제가 있었다. 악보엔 많은 메시지가 있다. 계이름과 음표 길이뿐 아니라 도돌이표, 스타카토, 크레센도, 데크레센도 등등 읽어야 할 악상기호도 한두 개씩 있다. 새 책에서 만나게 된 옥타브 표시는 8음을 올려서 연주하라는 메시지다. 이 말은 손가락을 익숙한 구역에서 벗어나 '우주 저 너머'로 옮기라는 명령이었다. 이렇게 나는 피아노 건반을 넓게 사용하게 되었다. 여기에 도의 자리에서 시작하라는 지시와 솔의 자리에서 시작하라는 지시가 섞여 있는 악보를 만나면, 내 손가락은 아무렇지 않게 쓱 위치를 바꾸지 못하고 삐걱거린다. 겨우 건반 여덟 개를 건너뛰었을 뿐인데, 너무 낯설다. 손 뻗을 엄두를 못 낸다. 악보에서 옥타브 표시를 발견한 즉시, 심호흡을 한 번 하고 마음의 준비를 해야 건반 여덟 개를 건너뛸 수 있다. "휴" 하는 안도와 함께. 피아노의 건반 수는 여든여덟 개, 7옥타브(건반 일흔여섯 개, 6옥타브 키보드도 있다)라고 한다. 이제 스물네 개의 건반을 등반했고, 아직 가보지 못한 약 예순 개의 건반이 '천 개의 고원'처럼 펼쳐져 있다.

피아노 교습을 시작하며 인간관계도 한 옥타브만큼 넓어졌다. 우선 나와 피아노 수준이 비슷한 A님이 있다. 우리는 유치원 책걸상처럼 작은 테이블에 나란히 앉아 계이름 공부를 하며 "왜 이걸 한다고 해가지고!"라며 복장 터지는 푸념을 주고받는다. A님은 나보다 나이가 열 살쯤 많아 보인다. 피아노 교습소에는 생각보다 나이 든 수강생들이 많다. 언젠가는 유치원생 손녀와 할머니가 함께 교습 받는 모습을 본 적도 있다. 손녀는 휴대전화를 꺼내 들고 할머니의 피아노 연주 장면을 야무지게 촬영했다.

초등학생 B도 나와 레슨 시간이 겹쳐 자주 만난다. 한 번은 "몇 학년이니?"라고 물었더니 6학년이라고 알려줬다. 내 나이도 알려줘야 할 것 같아 "나는 쉰네 살이다"라고 했더니 B가 이렇게 대답했다. "우리 엄마도 마흔 몇 살이에요." 나는 B가 친구라고 생각해 나이를 알려준 것인데, B는 나를 자기 엄마 친구라고 생각하는 모양이다. 가끔 집 근처에서 인사하는 초등학생들이 있다. 그때마다 "그래" "학교 갔다 오니?"라고 대충 인사하고 지나치는데, 우리 피아노 교습소 수강생일 수도 있어 어정쩡하게 아는 척을 한다.

요즘 내가 제일 부러워하는 사람은 영화 〈라라랜드〉의 사운드트랙 가운데 미아와 세바스찬의 테마를 연주하는 대학생이다. 이번 여름방학부터 피아노를 배우기 시작한 그는, 드라마 〈선재 업고 튀어〉의 변우석과 느낌이 비슷한 대학생이다. 앳된 모습에 입시생인 줄 알았는데, 군 복무까지 마친 복학생이란다. 이 학생이 레슨을 받는 시간엔 원장과 강사 선생의 목소리가 한 옥타브씩 올라간다. 가르칠 맛이 난다는 느낌이다. 지금도 꿈에 입시와 졸업 연주회가 나온다는 강사 선생과 원장에게 이 학생의 레슨 시간은 본인들의 피아노에 대한 애정을 확인하는 시간 같다. 유명한 피아니스트인지 아닌지를 떠나 피아노를 사랑하는 사람들이다. 그런 사람들은 악기가 '악기답게' 연주될 때 어쩔 수 없이 신바람이 난다. 그래서 이 학생의 레슨 시간에는 '폭풍 칭찬'이 이어진다. 그 환호 소리를 듣고 있으면 잠자고 있던 질투심이 스멀스멀 올라온다. 이 순간 나의 장래 희망은 결정되었다. 언젠가는 기필코 〈라라랜드〉 주제가를 완벽하게 연주하리라.

    피아노 교습소에서 나의 '최애'는 원장이다. 교습비를 결제할 때마다 자신의 이름이 창피하다고 부끄러워하신다. 처음 등록하러 간 날 내 이름이 우리 할머니 세대에나 어울릴 '연옥'이라 알려드렸더니, 원장은 자신의 이름이 더 나이 들어 보인다고 체념했다. 영자, 순자, 옥자, 말자… 많은 '자子'들 중에서도 원장의 이름은 돋보인다. 그러나 나에겐 그 이름이 아니라 친절함이 돋보인다. 변우석 같은 꽃다운 청년이 아니어도, 나뿐 아니라 누구에게나 칭찬 세례를 해준다. 여기서 환기할 점은 나와 같은 초보자에게는 칭찬할 거리가 눈을 씻고 찾아봐도 없다는 사실이다. 정말이지 원장은 무無에서 유有를 창조하는 장인정신으로 초보자에게 기죽지 말라고 '열혈' 응원을 해준다.

옥에 티가 있다면, 원장의 설명이 애매하다는 점이다. "연옥 님, 손등에 보석이 올라가 있어요. 이걸 떨어뜨리지 않으면 다 연옥 님 거라 생각하고 손등을 세우지 마세요." 올바른 손 모양을 가르쳐주려는 설명인데, 머릿속에 잘 그려지지 않는다. 스타카토를 알려주실 때는 뜨거운 냄비에 손가락이 닿았다고 생각하고 '앗 뜨거!' 하며 바로 떼어야 한다고 설명해 주셨는데, 그 민첩함이 어느 정도인지 감이 오지 않는다. 건반은 손가락의 지문이 아니라 살점으로 쳐야 한다는 설명은 계속 들어도 모르겠다. 손목을 고정시키고 손가락만 움직여야 한다는 걸 알려주기 위해 손목을 '돌다리'라고 생각하고 움직이지 말라는데, 그 말을 듣는 순간 손목과 손가락이 동시에 뻣뻣해졌다.

이런 설명을 듣고 있으면, 글쓰기 수업에서 내가 쓰는 비유적 표현들의 효과가 의심스러워진다. '글쓰기는 수영 같은 것이다' '글쓰기는 몸으로 익히는 감각이다', '글쓰기를 글로 배울 순 없다' 등등 나의 야심찬 비유와 설명은 아무래도 수강생들의 뇌까지 가지 못하고 튕겨 나왔을 것 같다. 원장의 설명을 듣는 나처럼 그들도 "저건 도대체 무슨 말일까?" 싶어 난감했으리라.

알아듣지 못하지만, 그대로 해보고 싶은 원장의 설명이 하나 있다. 원장이 말끝마다 강조하는 '알찬' 소리다. 확실히 내 소리와 원장의 피아노 소리는 다르다. 내 소리는 힘없이, 자신감 없이, 우물쭈물하는 '도'라면, 원장의 소리는 또렷한 '도'다. 왜 내 소리는 영글지 못하고 힘이 없을까? 알찬 소리는 어떻게 만들어지는 것일까? 감이 오지 않지만, 알찬 소리를 뇌에 입력해 본다. 어떤 프로세스를 거치는지 알지 못하지만, 입력대로 출력되는 날을 기다려본다. 피아노를 치니 궁금증이 많아졌다. 그날이 오긴 오는 건가?

손톱을 깎았다

친구가 물었다. "피아노 배울 만해? 나도 배워볼까?" 피아노 교습 넉 달 차에 접어든 난 자신감 있는 목소리로 대답했다. "처음엔 암담했는데 석 달 지나니까 익숙해지더라. 석 달만 버텨!"

웅녀가 100일 동안 쑥과 마늘을 먹고 사람이 되었듯이, 나도 100일이 지나 피아노를 칠 줄 아는 사람이 되었다. 물론 잘 치지 못한다. 아니, 엄청 못 치는 사람이다. 그러나 서툴게 치는 사람과 칠 줄 모르는 사람은 전혀 다른 사람이다. 이제 나는 더는 피아노를 칠 줄 모르는 사람으로 돌아갈 수 없다. 이런 걸 비가역적이라고 한다.

운전 중에 라디오에서 들려오는 음악 소리 가운데 피아노 소리만 귀에 쏙 들어온다. 좋은 곡에 간단한 피아노 반주가 깔리면 '저 정도는 칠 수 있지 않을까' 생각해 보고, 현란한 피아노 곡이 들려올 땐 립싱크하는 가수처럼 손가락만 현란하게 움직여본다.

피아노를 배우고 나서 좋은 점은 음악을 더 좋아하게 되었다는 것이다. 영화 〈타오르는 여인의 초상〉에서 초상화 화가 마리안느가 모델 엘로이즈에게 "음악은 말로 설명할 수 없다"고 말하는 장면이 있다. 음악이라고는 수도원과 성당에서 들은 노래가 전부인 엘로이즈에게 마리안느는 관현악곡의 느낌을 설명할 수 없어 직접 피아노를 쳐준다. 이때 비발디의 〈사계〉 중 여름의 3악장이 들려온다. 마리안느는 비바람이 불고 곤충들이 움직이고 번개가 치는 여름의 느낌을 자신이 외우고 있는 부분까지 친다. 뒷부분 음악은 영화의 엔딩 장면에서 엘로이즈가 비발디 〈사계〉가 연주되는 음악회에서 눈물을 흘리는 화면 위로 격정적으로 울려 퍼진다. 소나기와 천둥 번개를 몰고 다니는 여름처럼 마리안느와 엘로이즈의 사랑은 짧고

격렬했다. 말로는 이 감정의 결과 두께가 납작해지기 때문에 음악이 대신 표현한다. 피아노 건반을 하나하나 누르고 음들이 연결되어 소리로 울려 퍼질 때 비언어적 소통이 일어난다. 말로 설명할 수 없지만 청각으로 감지되는 느낌이 있다.

시청각 교육용으로 이자벨 위페르가 나오는 영화 〈피아니스트〉를 다시 봤다. 음악학교 여교수 에리카의 무표정해 보이지만 냉정하고 이지적이며 뒤틀려 있는 섬세함과 연약함이 슈베르트 음악으로 표현된다. 영화의 사운드트랙인 〈슈베르트 피아노 3중주 2번〉을 들어봤다. 에리카의 복잡한 심리와 황폐한 감정은 슈베르트의 음악과 어떤 연관이 있는지 찾아보려 했지만 아직 내가 해석할 수 있는 음악적 이해는 얄팍하다. 분위기로 짐작만 해볼 뿐이다. 영화 속에서 가장 감정이입이 됐던 인물은 레슨을 받으며 주눅 든 여학생이다. 피아니스트는 정신력이 강해야 한다는 에리카의 다그침에 여학생은 기가 질려 있다. 또한 피아노 앞에서 늘 울기 직전의 표정이 된다. 여학생은 슈베르트의 〈겨울 나그네〉에서 사람들은 잠들어 있고, 개들이 짖는 마을의 평온한 분위기를 연주로 살려내지 못한다. 아마도 자신의 상태가 연주하려는 곡의 분위기와 정반대이기 때문일 것이다.

　영화의 내용보다 더 눈이 많이 갔던 건 인물들이 피아노를 연주하는 손 모양이었다. 슈베르트, 베토벤, 브람스 등 어떤 음악이 연주되든 그들의 손가락 움직임은 날렵했다. 부럽다. 내 새끼손가락은 늘 쭉 뻗어 있다. 먼 건반 위치까지 닿으려면 새끼손가락을 쭉 뻗어야 할 것 같은데, 원장은 새끼손가락을 세우고 힘 있게 쳐야 한다고 말한다. 가장 작은 손가락인 새끼손가락에 힘이 있을까? 어떻게 힘을 넣어야 하지? 영화에서 본 대로 손 모양을 예쁘게 잡아보려 하지만, 악보를 못 읽어 헤매게 되면 손 모양까지 신경 쓸 여유가 없다. 다시 마구잡이로 손가락이 뻗쳐 있다. 시청각 교육의 효과는 미미했다.

　가을에는 감기에 걸려서 한 주, 행사가 있어서 한 주, 두 주를 결석하고 피아노 교습소에 갔다. 『체르니』를 치면 가끔 와도 되는데, 『바이엘』을 공부할 때 자꾸 빠지면 배운 걸 까먹는다고 원장의 걱정이 이만저만이 아니었다. 맞는 말이라서 변명할 수 없었다. 작은 연습실에 들어가 교재를 펼치니 막막했다. 이럴 땐 오른손 연주 따로,

왼손 연주 따로 충분히 연습한 다음 두 손을 함께 맞춰 봐야 한다. 오랜만에 치니 감이 떨어져서 왼손, 오른손 연주가 착착 붙지 못했다. 이럴 때 자주 하는 말은 "피아노 배우기 어려워요"라는 하소연이다. 가끔 원장은 내 엄살에 맞장구를 쳐준다. "맞아요. 피아노 배우기 어려워요. 시간이 오래 걸려요"라고 위로를 해준다. 그런데 이날은 다르게 말했다.

"어렵지 않아요. 연습을 안 해서 그래요."

연습을 많이 해야 하니 시간이 오래 걸리고, 그러니 어렵다. 하지만, 연습을 안 하고 교습을 빼먹는 건 또 다른 문제다. 문제는 피아노가 아니라 '나'였다. 너무 뼈 때리는 말이라 수긍이 됐다.

피아노를 연습하지 않으면서 피아노를 배울 수 없다. 집에 돌아와 손톱을 깎았다. '연습을 많이 할 수 있을지 장담할 수 없지만, 길어진 손톱을 의식하지 않은 채 피아노 교습소에 가지는 말자, 자주자주 손톱 상태를 확인하고 자주자주 피아노를 연습하자'는 부끄러운 다짐 같은 거였다.

다음 음악회를
기다리며

　많은 '생애 최초'가 있다. 생애 최초로 매입한 주택, 생애 최초로 만난 겨울 바다, 생애 최초로 딴 운전면허, 생애 최초로 떠난 혼자만의 여행, 생애 최초로 참여한 일인 시위…. 생애 최초라는 수식어가 붙은 경험들은 대개 좋은 기억들이다. 신선하고 짜릿하고 흐뭇해서 자꾸 떠올려보는 기억들이다. 생애 최초로 경험하는 대학 생활, 생애 최초로 한 데이트, 생애 최초로 맛본 베트남 쌀국수처럼 처음이라 어설펐던 경험도 있다. 그래서 '생애 최초'라는 수식어가 제값을 하지 못하고 후줄근하게 빛이 바래기도 한다. 내가 생애 최초로 감상한 클래식 음악회도 그랬다.

클래식 음악회 감상은 피아노를 배우지 않았다면 생각지도 못한 '로망'이다. 한국의 피아니스트들이 국제대회에서 수상할 때마다 짧은 영상으로 감격을 잠깐 느껴본 것으로 충분하다고 생각했다. 그 밖에도 내가 직접 찾아봐야 하는 감격의 순간은 많으니, 클래식 음악은 그 애호가들의 몫으로 남겨두었다. 내 관심사도 아니고 내 일이 아니었다. 그런데 피아노 초보자로서 건반을 뚱땅거리게 되자 조성진, 손열음, 임윤찬 같은 이름들이 전설처럼 떠올랐다. 그들의 연주를 직접 들어보면 어떤 느낌일지 궁금했다.

예술의전당에서 조재혁의 피아노 리사이틀 공연이 열렸다. 조재혁은 예전에 93.1MHz 라디오 〈가정음악〉에서 '위드 피아노' 코너를 진행한 피아니스트였다. 이 코너에서 피아니스트가 직접 연주해 주는 라이브 공연도 좋았지만, 연주곡들의 특징과 주의해서 들어야 할 감상 포인트를 콕 집어 설명해 줘 유익하고 재미있었다. 클래식 연주자들은 이상하게도 목소리부터 근사하다. 일반인들과는 다른 발성과 높낮이를 낸다. 그들은 악기와 함께 보내는 시간이 많다 보니 목소리까지 악기를 닮아가는 것 같다. 그래서 클래식 연주자들에게서는 다른 세계의 사람들 같은 거리감이 느껴지기도 한다. 조재혁의 목소리는 톤이 높고 경쾌했다. 일상적으로 말하는 "밥 먹었어?" "어제 그 드라마 봤어?"와 같은 대화를 나눌 것 같지 않은 보이스 컬러를 가졌다. 그럼에도 그의 설명은 조곤조곤 친절했다. 음악에 문외한인 이들에게 최적화된 쉬운 설명으로 클래식 음악을 설명해 줬다. 생애 최초로 클래식 음악회 티켓을 결제하며, 난 다시 한번 조재혁의 친절함과 친근함을 기대했다.

공연 당일, 여유 있게 예술의전당에 도착했다. 커피와 샌드위치로 이른 저녁을 먹으며 음악회에 온 사람들을 둘러봤다. 카페테리아에서 음료를 주문하고, 일행과 잡담하는 그들의 모습은 익숙해 보였다. 그들의 잡담은 지난 공연에 대한 소감이나 음악과 관련된 내용일 것 같은 착각이 들었다. 최대한 자연스럽게 행동하려고 했지만, 왠지 '나만 눈에 띄는 건 아닐까' 하는 불안감이 엄습했다. 연주회가 시작된 다음에도 나는 음악보다는 음악회에 온 사람들을 더 의식했다. 어떤 사람들이 음악회에

오는 것일까? 분명 나 같은 사람은 아닐 텐데. 그들의 매너와 아비투스 habitus가 궁금해졌다.

내 좌석을 중심으로 앞자리에 앉은 사람들을 가장 열심히 관찰했다. 가운데 열에 앉았기 때문에 양옆의 관객들도 쉽게 눈에 들어왔다. 인터미션 때 슬쩍 뒷좌석에 앉은 사람들을 훑어보기도 했다. 어쩌자고 음악회에 와서 음악은 안 듣고 사람들을 구경하고 있는가? 이유는 알 수 없지만, 내 관찰에 의하면 음악회 관객들은 대부분 음악과 관련 있는 사람들처럼 보였다. 젊은이들은 음대생이거나 예비 음악가들로 보였고, 나이 지긋하신 분들은 음악학원 원장을 비롯해 젊은 시절에는 현역 음악가였지만 현재는 지도자의 길을 가는 사람들 같았다.

연주가 절정에 이를 때, 젊은이들은 투명하게 환호했고 나이가 지긋하신 분들은 지난 시간을 돌이켜보는 듯한 회한의 표정을 지었다. 그들의 반응에는 분명한 온도 차가 있었다. 어떤 부분에서는 모두 똑같은 고갯짓으로 박자를 맞췄다. 이들은 이날 연주된 모차르트의 소나타 곡을 연습하며 오랜 시간을 보낸 것 같았다. 그래서 자연스럽게 그 멜로디와 박자가 몸에 밴 듯한 바이브로 일정한 패턴으로 고갯짓했다. 내 옆에 앉은 중년 남자는 좌석에 앉자마자 눈을 감고 자는 것 같았는데, 몇몇 순간에선 허리를 곧게 펴고 박자를 맞추고 있었다. 건성으로 듣는 것 같았지만, 어느 순간에선 귀가 번뜩 뜨이는 부분이 있었나 보다. 매 순간 미어캣처럼 긴장하고 있는 나와 간간이 조는 그는 확실히 달랐다.

    이날의 미션은 다음과 같았다. '20분가량 연주되는 음악을 졸지 않고 감상할 수 있을까? 음악 일곱 곡이 연주되는 두 시간 동안 코를 골지 않고 버틸 수 있을까?' 나는 음악에 집중할 수 없어서 음악회에 온 사람들을 구경하며 시간을 흘려보낸 건지도 모르겠다.

    이날은 여름에 시작된 조재혁의 모차르트 소나타 전곡 연주를 마무리하는 공연이었다. 조재혁은 무대 인사에서 모차르트의 소나타는 오페라만큼 알려지지 않았지만, 하나의 소나타에 오페라의 아리아들처럼 다채로운 구성을 담고 있다고 설명했다. 한 작곡가의 전 생애에 걸친 음악을 완주하고 나니 그 위대함에 경탄할 수밖에 없었다고 그는 감격스럽게 말했다. 나는 조재혁만큼 감격하며 감상하지는 못했다. 그러나 프로그램 책에 적힌 설명을 읽으며 후기의 모차르트는 비극적 삶과 생활고를 겪었고, 그 시기 음악인 피아노 소나타 16번, 17번, 18번에는 인생을 굽어보는 성숙한 시선과 인생의 희비극이 겹쳐 있다는 사실을 알게 되었다. 이날 16번과 17번이 연주되었고, 다음 날 공연에는 피날레로 18번이 연주되기로 계획되어 있었다.

소나타는 일정한 형식을 갖는 악곡이다. 중고등학교 음악 시간에 배운 대로 제시부-전개부-재현부의 구성을 갖는다. 빠르기로는 빠름-느림-빠름 3악장이나 빠름-느림-미뉴에트-빠름의 4악장을 갖는다. 나 같은 '음알못'도 일곱 곡의 소나타를 연속으로 들으니 이 변화를 자연스럽게 감지할 수 있었다. 빠르고 힘 있게 시작되었다가 갑작스레 느리게 연주될 때는 영화의 플래시백 연출처럼 과거 시간이 회상되는 듯했다. 그리고 마지막에 다시 더 빠르고 힘 있게 연주되는 마무리는 생의 결심이나 다짐 같은 분위기를 가져왔다. 집에 와서 검색해 보다가 손열음의 모차르트 피아노 소나타 전곡 연주 영상을 발견했다. 손열음의 연주는 조재혁의 그것과 어떻게 다를까?

하나하나 차근차근 알아가는 중이다. 어색했던 생애

최초 음악회 이후 나는 어떻게 바뀌어갈까? 다음에는 더 자연스럽게 음악을 즐길 수 있을까? 익숙한 모습으로 음악회에 갈 수 있을까? 다음 음악회가 기다려진다.

못하는 일을
계속하는 용기

여섯 달 전 내가 피아노를 시작했다는 소문을 들은 주위 사람들이 많은 응원을 보냈다. 그중에는 자기 집 피아노를 주겠다는 사람도 있었다. 우리 집 것도 피아노를 시작한다던 누군가의 집으로 옮겨갔기 때문에 그 마음을 안다. 기쁘고 흐뭇하고 '후련한' 마음이다. 1980년대 성장기를 거친 나와 같은 세대에게 2층 양옥집과 피아노는 선망의 대상이었다. 봉평에 있는 이효석문학관에 가본 사람들은 크리스마스트리와 벽난로와 함께 피아노가 놓인 거실 풍경을 기억할 것이다. 낙엽을 태우며 커피 향을 음미했던 모더니스트 이효석처럼 1980년대 2층 양옥집 거실에는 피아노가 떡하니 자리를 차지하고 있었다. 전형적인 '스위트홈'의 클리셰다.

2층 양옥집도 피아노도 없었던 나는 결혼하고 나서 딸들에게 꼭 피아노를 사주고 싶었다. 막 『바이엘』을 시작한 아이들에게 피아노는 필수가 아니라는 애들 친구 엄마들의 만류에도 불구하고, 중고 피아노 매장에 가서 내 눈에 가장 예쁜 피아노를 샀다. 딸들은 그 피아노를 6~7년쯤 쳤다. 초등학생 때 가장 많이 쳤고, 중고등학생 때는 피아노 뚜껑이 열리는 날 없이 그 위로 먼지만 쌓여갔다. 먼지뿐 아니라 자동차 열쇠, 지갑, 휴대전화 등등 자질구레한 물건이 피아노 위로 올라갔다. 아파트라는 좁은 공간에서 피아노는, 자리만 많이 차지하고 수납 효과도 별로 없는 덩치 큰 '짐'이 되어 있었다.

짐만이 아니다. 관리사무소에서 안내 방송으로 나오는 층간소음의 주요 원흉이기도 하다. 정말이지 피아노는 아파트에 맞지 않는 물건이다. 이제 집집마다 커피머신이 있어 원두의 원산지에 따라 커피의 맛과 향이 어떻게 다른지 이효석처럼 느낄 수 있는 시대지만, 집에 피아노를 놓고 살 수는 없는 세상이 되었다.

 딸들이 피아노를 배울 때는 여섯 달에 한 번씩 조율을 받았다. 조율 기사는 내가 만난 남자들 가운데 가장 정중했다. 나는 피아노 조율을 전기제품 AS처럼 생각했던 것 같다. 그래서 출장 나오는 AS기사를 예상하고 있었는데, 차분한 분위기의 50대 남자가 현관문으로 들어왔다. AS기사들은 대개 말이 없다. 내 말보다 기계의 상태를 먼저 체크하고 빨리 일을 처리하고 가려는 태도를 보인다. 그 조율 기사도 말이 없었다. 뭘 고친다는 점에서 비슷한 일을 하는 사람들이지만, 생활용품과 악기라는 두 물건의 차이처럼 다루는 사람의 태도에도 차이가 났다. 이건 너무 드물게 만나는 직업군에 대한 나의 선입견일지도 모른다. 한 시간 정도 조율기사가 내가 알 수 없는 일을 하고 나면, 피아노는 누가 들어도 알아차릴 수 있게 소리가 좋아졌다. 조율을 마치고 나선 피아노는 습도와 온도에 예민한 물건이라며 매번 주의사항을 안내해 주고 돌아갔다.

 딸들이 피아노를 칠 때, 좋았던 기억 가운데 하나가 조율기사의 방문이다. 피아니스트는 아니지만 피아노를 가장 잘 아는 사람이라는 '희소한' 직업은 내게 환상을 가져다 주었다.

조율에 대한 환상에도 불구하고 난 피아노를 배우며 처음부터 디지털 피아노를 염두에 두고 있다. '어느 정도 숙달되면 인터넷으로 중고 디지털 피아노를 하나 사야지'라고 마음먹고 있었다. 피아노 교습을 시작하고 석 달 정도 지났을 때 중고장터에서 물건 사는 일이 취미인 딸에게 구매를 부탁하기도 했다. 그런데 여섯 달이 지난 지금까지 우리 집엔 피아노가 없다. 직장인인 딸이 바빠서 깜박했겠지만, 나도 딸을 재촉하는 일을 까먹었다.

피아노를 사는 일보다 급하게 처리해야 할 일들이 너무 많았다. 피아노를 사는 일은 고사하고 피아노 교습을 받으러 가는 일조차 짬이 안 났다. 피아노 교재에는 교습 받은 날짜가 기록되어 있다. 11월에는 사흘, 12월에는 딱 하루가 기록되어 있다. 피아노를 치는 일을 글로 써보자고 했는데, 자꾸 피아노를 못 치게 된 경과보고 및 반성으로 글을 쓰고 있어서 주객이 전도된 느낌이다. 이모티콘으로 'TT' 표시를 날리고 싶은 심정이다.

공사다망했고 감정기복도 널을 뛰었던 한 해를 기진

맥진한 상태로 마무리하고, 크리스마스를 앞둔 지난주에 다시 피아노학원에 갔다. 며칠 전부터 다시 피아노학원에 갈 생각을 하니 마음이 무거웠다. 오랜만에 가자니 원장 선생을 볼 면목도 없었다. 다시 악보 앞에서 허둥거릴 생각을 하니 암담하고, 이렇게 미룰 일이었나 싶어 자책했다. 가기 싫다! 가야 한다! 가기 싫다! 가야 한다…. 내적 갈등에 시달리며, 뭔가를 시작한다는 건 실력이 아니라 마음고생이 느는 일이라는 걸 이 와중에 깨달았다.

깨달음의 기쁨도 잠시, 학원 문을 열고 원장과 눈이 마주치는 순간 숨 막히는 정적이 감돌았다. 어색한 몇 초가 지나고 "안녕하세요?" 짧게 인사하고 도망치듯 연습실로 들어갔다. 그리고 악보 앞에서 좌절하며 또 한숨을 푹 쉬었다. 이날 나는 10월 28일이라고 표시돼 있는 악보 위에 12월 23일 날짜를 써넣었다. 두 달 전에 쳤던 악보를 다시 연습해야 했다. 그 악보가 어려워 두 시간 동안 한 곡만 내리 연습했던 기억이 난다. 힘들게 넘어갔던 악보인데, 또다시 시간을 내서 연습해야 한다.

못하는 일을 계속한다는 건 괴로운 일이다. 더디게 느는 일을 하는 것도 마찬가지다. 중학교 가정 시간에는 재봉틀에 실 꿰는 순서를 외우는 것이 어려웠다. 교과서로 외우기는 어려워도 재봉틀 앞에 앉으면 자연스럽게 실 꿰는 순서가 손에 익는다던데, 나는 어려웠다. 초등학교 때는 철봉 오르기를 못했다. 철봉을 잡고 허리를 숙이면 몸이 알아서 넘어간다는데 그게 안 돼 바닥으로 떨어졌다. 철봉에서 떨어진 다음에 공포감으로 다신 철봉에 오를 수 없게 되었다. 아기를 포대기로 업는 일도 익숙해지지 않았다. 친정어머니와 시어머니에게 아이를 맡기면 포대기로 업고 집안일을 척척 하셨다. 포대기 끈을 야무지게 매지 못한 나는 결국 앞으로 매는 아기띠를 사용했다. 겉절이를 무치는 일도 양념을 다 때려 넣어도 그 맛이 안 났다. 초보 운전자 시절엔 주차가 어려워 운전이 엄두가 나지 않았다.

못하지만 계속해야 할 일로 피아노가 등록됐다. 의욕이 생기지 않는다. 의욕이 생기지 않는 일을 계속하니 마음고생이 는다. '그만둘까?' 하는 유혹에 시달린다. 아기를 포대기로 업는 일은 아이가 크면 자동 소멸하는 과제다. 못 업어도 상관없다. 주차는 운전하는 시간이 늘면서 크게 신경 쓰지 않는 일이 되었다. 겉절이는 어느 순간

대충해도 얼추 맛이 나서 자존감을 높여주는 일이 됐다. 피아노는 앞으로도 오랫동안 못 하는 일로 남을 것 같다. 그래서 한 곡 한 곡 마스터해 갈 때마다 더 많은 마음고생을 하고 손가락 관절에 이야기를 남길 것 같다. 지금은 의욕이 생기지 않는 피아노에 마음을 붙여보려, 다시 피아노 장만 프로젝트에 들어갔다.

어떤 피아노를 살 것인가? 가격은 어느 정도가 적당한가? 사기당하지 않을까? 합리적인 소비일까? 어디서 목돈을 마련할까? 이런 궁리로 새해를 맞는다.

근사한 새해 소원이다. 새해에는 피아노를 사야지.

피아노를 연습하지 않으면서

피아노를 배울 수 없다.

나의 퀴어 ───────

코요테

한국과 미국에서 30여 년간 밥벌이를 했다. 이제는 밥벌이만을 위해 일하기가 지겨워서 최소한으로만 일을 한다. 지은 지 75년 된 집에서 새들과 다람쥐, 도마뱀 등을 관찰하는 게 가장 즐거운 요즘의 일상이다.

종로에
데뷔하다

서울에 가면 연애를 할 수 있을 것 같았다. 나와 성향이 같은 친구들도 만날 수 있을 거라 기대했다. 하지만 방법이 없었다. 어느 날 한 잡지 표지에 적힌 "호모"란 단어가 내 시선을 사로잡았다. 〈선데이 서울〉이었다. 남성 동성애자들이 변태 성욕자로 등장하는 선정적이고 과장된 기사였지만, 그럼에도 〈선데이 서울〉이 고마웠다. 나와 비슷한 이들이 있다는 것과 어디에 주로 모이는지에 대한 정보를 제공해 주었으니 말이다. 공중파 방송에서도 비슷한 보도가 나오기 시작했다. 정보들을 짜깁기한 끝에 남성 동성애자들이 모이는 극장과 지하 술집이 종로3가에 밀집해 있음을 알게 되었다. 극장에 가기로 결심한 날 내 심장은 마구 요동치기 시작했다. 누군가가 날 보고 있을 것 같았다. 매표소를 빙빙 돌다가 돌아오는 일이 몇 번 반복되었다. 식은땀을 흘리며 겨우 들어갔다. 구석에서 곁눈질만 하다가 나오곤 했다. 낯설었지만 종로라는 공간이 있어 기뻤다.

1990년대 초, 동성애자들이 종로에 있는 은밀한 공간에 얼굴을 내밀려면 용기가 필요했다. 따라서 그들은 그 사건을 "종로에 데뷔했다"고 표현했다. 데뷔 연도는 상대를 파악하는 데 중요한 정보였다. 웬만큼 친해져 신뢰할 수 있을 때까지는 이름이나 학교, 직장, 사는 동네 등을 대놓고 묻지 않았다. 나처럼 갓 데뷔한 20대부터 장년층까지 다양한 사람들이 모였다. 백수들도 눈에 띄었고 소수지만 정해진 거처 없이 반노숙 생활을 하는 사람들도 있었다. 발렌타인 30년산을 파는 지하 술집엔 돈이 꽤 있거나 결혼한 중년들이 드나들었다.

당시 한국 사회에 동성애자는 '존재'하지 않았다. 〈선데이 서울〉의 기사 제목처럼 변태적 욕망을 가진 '호모'

만 있을 뿐이었다. 굴욕의 무게를 감당하기 어려웠을 것이다. 동성애자들은 자신들을 성적 대상화하는 무수한 은어를 발명했다. 자기 비하적 단어 없이 대화를 이어가기 어려워 보였다. 사람들이 술자리를 파하고 돌아갈 무렵 종로는 깨어나기 시작했다. 어두운 공원에서의 크루징과 새벽녘까지 이어지는 지하 술집의 유흥이 낯설고 기괴했다. 적응하기 어려웠고 적응하고 싶지도 않았다.

종로에서 두 번 연애를 했다. 어린 나이에 데뷔한 A는 연애 경력이 몇 번 있었다. 그런 그가 어느 날 술에 취해 자신은 남성을 별로 좋아하지 않는다고 말했다. 달라질 것이라고 큰소리를 쳤다. 종로에 발길을 끊겠다고 덧붙였다. 하지만 그런 일은 일어나지 않았다. B는 경제적으로 안정되면 결혼할 거라고 했다. 여자친구가 있다고 했지만 난 그가 여성과 사귀거나 같이 사는 모습을 상상하기 힘들었다.

자신을 그대로 수용하기 힘들어 하는 사람들과의 연애는 짧은 인연으로 끝이 났다. 친구를 만들었지만 친밀해지기는 어려웠다. 한 친구는 나중에 본인이 갓 결혼했음을 밝혔다. 그는 나를 포함해 알고 지내던 친구들에게 자신의 연락처를 지우라고 '명령'했다. 다시 종로에 나올 일 없으니 절대 연락하지 말라고 했다. 과민반응에 화도 났지만 그를 이해하지 못할 것도 아니었다. 나도 그만큼 가슴 졸이며 살고 있었다. 누구에게도 털어 놓지 못한 비밀을 웃섶에 한가득 감추고 나온 사람들. 그 사이에서 달콤한 연애가 싹트거나 신뢰에 기반을 둔 우정이 생겨나기는 쉽지 않다. 나를 포함한 모두가 실망스러웠다. 그래도 종로를 등질 수 없었다. 종로는 관능적 쾌락과 끈끈한 우정을 기대하며 나올 수 있는 유일한 곳이었다. 기대가 번번이 무산되더라도.

'이중생활'로 몸과 마음은 늘 긴장했다. 이를 해소할 뚜렷한 해법은 없었다. 종로 밖 세상에서 단 한 사람에게라도 내 이야기를 하고 싶었다. 상담을 받기로 했다. 심리검사를 받았다. 수백 개의 검사 문항 중 성 지향성을 묻는 질문이 여럿 포함되어 있었다. 결과가 나오고 상담이 시작되었다. 상담사가 나의 성 지향성에 관한 결과를 언급해 주길 기다렸다. 고백하려고 했다. 상담사는 결과를 쭉 설명하다가 마지막에 주춤했다. 내가 남성성도 강하나 섬세한 면이 있다는 식으로 말끝을 흐렸다. 상담사가 어떤 생각을 하고 있었는지 불분명하지만 퀴어인 내담자와 상담할 준비가 되어 있지 않은 건 분명했다. 이 일 이후 정신과 전문의를 찾아가보기도 했다. 그는 여성과 성관계를 시도하라는 어이없는 해결책을 제시했다. 모욕감을 느꼈다. 나를 받아들일 준비가 전혀 없는 세상을 내가 받아들이는 수밖에 없었다.

    서른을 넘기자 종로 밖의 세상은 내게 압력을 넣기 시작했다. 난 이른바 결혼 적령기였고 아파트 전세를 마련한 상태였다. 직장 생활도 안정기에 접어들었다. 다들 결혼해야 한다고 성화였다. 서른이 넘도록 여자친구 한 번 사귀지 않는 나를 걱정하고 손주를 고대하는 어머니를 실망시키는 게 마음에 걸렸다. 가족과 인연을 끊을 각오로 커밍아웃할 용기는 없었다. 가족들이 내 진짜 모습을 알게 되는 게 사회적 낙인 이상으로 두려웠다. 가족들이 방문했다가 우연히라도 들춰 볼까 염려되어 일기장도 자물쇠가 달린 걸 썼다. 결혼할 마음이 전혀 없어도 결혼하기 위해 최선을 다하는 척 연기해야 했다. 덕분에 맞선 자리에 몇 번이나 나갔다. 당시만 해도 결혼 제도에 속하지 않는 남성은 신체적 또는 정신적 결함이 있을 거란 오명을 썼다. 그뿐 아니라 결혼하지 않는다는 건 가부장의 위치가 주는 사회적 특권을 포기하는 것과 다름없었다. 남성 동성애자들 사이에선 결혼을 한 번은 해야 남은 인생이 편하다는 농담 아닌 농담까지 있었다. 설령 이혼해서 결혼 제도 밖으로 도로 나온다 해도 어쨌든 공개적으로 남성성을 증명한 셈이니까.

고등학교 때부터 남성 중심 사회가 불편했다. 교련은 가장 싫어하는 과목이었다. 술자리에서 군대 이야기가 나올라치면 귀를 막았다. 마초성 강한 남성들을 속으로 비웃었으나 돌이켜 보면 나 또한 가부장적 위계로부터 자유롭지 않았다. 아버지가 돌아가시고 대학생 때부터 나는 집안의 호주이자 가장이 되었다. 졸업 후, 그간 의무를 다하지 못했다는 찜찜함을 털어내고 싶어 집안의 경제적 일은 주로 내가 감당했다. 거기엔 능력 있는 가장으로 인정받고 싶은 욕망이 숨어 있었다.

나 역시 가족을 갖고 싶었다. 그림 같은 이층집은 못 짓어도 서울 한복판에 내 명의로 된 아파트를 매매하고 행복한 가정을 들이고 싶었다. 좋아하는 사람을 만날 수 있을까. 인연이 찾아온다 해도 사회적으로 용인되지 않는 관계를 얼마나 유지할 수 있을까. 회의감이 들었지만 안정된 관계를 찾고 싶다는 생각은 놓을 수 없었다.

생각해 보면 가부장적 권위에 알레르기를 일으키면서도 그것이 발명해 낸 가족 제도 안으로 들어가고픈 욕망이 숨어 있었다. 모순이었지만 에로스적 기운이 넘쳐났던 청년은 주어진 조건에서 무언가를 붙잡고 싶었다.

행복해질 수 있다는 기대를 놓고 싶지 않았다.

그럼에도
연결되어 있었다

대학교 합격자 게시판에서 내 이름 석 자를 확인한 뒤 깊은 안도의 한숨을 내쉬었다. 기쁨, 설렘, 죄책감, 부담감 등의 감정이 교차했다. 두려움의 대상이었던 아버지에게서, 성소수자로서 철저히 고립될 수밖에 없는 시골 동네에서 벗어날 명분이 생겼다. 대학교 졸업장으로 내 처지와 인생이 달라질 거란 기대감도 있었다. 대학을 가기 위해 서울로 간다는 건 가난한 시골집 형편에 무모한 일이었다. 다른 동네 친구들처럼 취업해 집안 살림에 보탬이 되어주질 못할지언정 서울로 대학을 가겠다고 선언한 것은 아들로서의 의무를 한참 뒤로 미루겠다는 선언이었다. 누구에게도 표현하지 못했지만 마음 한편에 죄책감이 있었다. 어디에도 쉽게 도움을 요청할 수 없었고 모든 걸 혼자 해결해야 할 것 같아 부담스러웠다. 과연 내가 돈을 벌어 생활비와 수업료를 마련할 수 있을까. 내향적이고 자의식이 비대한 내가 고립되지 않고 잘 살아갈 수 있을까. 그런 걱정을 안고 상경했다. 지금도 마음 한편에는 가족의 기대를 저버리고 나를 위해 살았다는 죄책감이 있다. 나보다 공부를 잘했던 여자 형제들은 제대로 된 교육을 받지 못했다. 가난한 집에서도 아들이 누리는 특권은 대단했던 것이다.

서울 생활은 만만하지 않았다. 구로공단 근처의 지하 방에서 자취했다. 바퀴벌레와 같이 사는 건 일상, 때로는 쥐까지 출몰했다. 보안이라곤 자물쇠 하나가 전부였던지라 며칠 집을 비울 때면 문을 따고 들어온 밤손님들이 방을 헤집어놓고 가곤 했다. 거기서 언제 벗어날 수 있을지, 수업료를 제때 내고 졸업할 수 있을지 걱정되었다.

처음엔 편의점에서 일을 했다. 일머리가 별로 없는 데다 한 번에 두 가지 일을 못하는 편이라 힘들었다. 게다가

점주가 일한 시간을 정확히 계산해 주지 않아 오래 일하지 못했다. 그러던 중 강남과 목동에서 대학생 과외 수요가 많다는 걸 알게 되었다. 과외를 연결해 주는 학교 취업처를 자주 들락거리고 『벼룩시장』에 광고를 냈다. 처음에 구한 과외들은 단기로 끝났다. 언변도 없었고, 의욕 없는 학생을 독려할 카리스마도 부족했다. 시행착오를 겪으면서 조금씩 요령을 터득했다. 무조건 10분 일찍 도착하는 걸 규칙으로 정했다. 내가 공부했던 방식을 복기해보며 어려운 영어 문법 개념을 정리해서 가르쳤다. 학부모의 신뢰를 얻자 과외가 꾸준히 연결됐다. 1만 원권 지폐가 빼곡히 담긴 봉투를 매달 받으며 내가 한 선택에 최소한의 책임은 질 수 있다며, 안도했다.

한정된 돈으로 살아야 했기에 '짠테크(짠돌이 재테크)'는 필수였다. 고등학교 때부터 자취를 한 덕분에 요리는 익숙했다. 가격이 싼 몇 가지 제철 채소와 계란만으로도 여러 반찬과 국을 뚝딱 만들었다. 얼마 안 되는 수입을 조금이라도 불리는 방법을 생각해 냈다. 매달 일정 금액을 단기 적금에 넣었다. 이런 식으로 불어난 원금을 수업료로 충당했다.

출퇴근 시간의 1호선 열차가 좋았다. 마치 시루 안 콩나물처럼 빼곡히 들어선 사람들 사이에 있다 보면 안도감이 느껴졌다. 실제적으로 연결된 건 아니었지만 일시적으로나마 위안을 주었다. 친밀한 네트워크 안으로 들어가기 쉽지 않아서 더 그랬을 것이다. 공단 근처에서 살았기 때문에 지방 출신 노동자들과 어울릴 기회가 종종 있었다. 주로 교회에 다니는 사람들이었다. 돈도 내세울 지위도 없는 이들에게 동질감을 느꼈다. 하지만 이들의 신앙에 기초한 세계관은 쉽게 수용할 수 없는 매우 이질적인 것이었다. 힘들게 노동하면서 사는 고향 친구들을 가끔씩 보는 게 반가웠지만 갈수록 이들과의 접점이 없어졌다. 술에 취해 마초 기질을 드러내는 것은 특히 견디기 힘들었다.

학교에 가면 다른 세상이었다. 내가 속한 학과는 강남 출신과 해외거주자 특별전형으로 입학한 학생들이 절반을 차지했다. 학회 활동이나 데모 등에 열중하는 친구들도 있었다. 이들의 정의감과 열정이 부러웠지만, 난 노동자 계층에 대한 부채 의식도 없었고 사회문제를 깊이 들여다볼 여유도 없었다.

그동안 청년기에 대한 기억을 의도적으로 억누르며 살아왔다. 어수룩해 보이는 시골 출신 젊은이로 보였기 때문에 온당한 대우와 존중을 받지 못했다는 상처도 있다. 집주인들은 이사해야 할 때면 아직 나오지 않은 마지막 달의 전기세와 물세를 몇 배로 뻥튀기하여 받아냈다. 그런 다음에야 월세 보증금을 내주었다. 모 은행의 면접에서 한 면접관은 어머니와 누나들의 직업에 대해 꼬치꼬치 캐물었다. 사회적·경제적으로 어떤 수준의 집안 출신인지 가늠하기 위한 질문임이 분명했다. "서울에선 눈 뜨고 있어도 코 베어간다"와 "억울하면 출세하라"는 얘기가 그저 클리셰로 다가오지 않았다. 생각하면 억울하니 그런 기억은 억누르고, 가난하고 의지할 곳 없는 처지에서 빨리 벗어나야겠다고 마음을 다졌다.

청년기의 서울살이는 자존감이 훼손되었던 시절로 남아 있었다. 되도록 건드리지 않고 묻어두었다.

구체화되지 않은 채 속에 뭉쳐 있던, 내 20대의 서사에 얼마간의 진실이 들어 있다. 하지만 이 시절을 되짚어 보면서 그 이야기가 '고난'에만 역점을 둔, 한쪽으로 치우친 서사가 아닌가 하는 생각이 들었다. 그간 주목하지 않았던, 내게 의미 있었던 경험들을 생각해 보았다. 당시 마주한 장애물의 무게만큼이나 이를 넘어설 에너지가 내겐 있었다. 제대로 일이 풀리지 않더라도 꾸준하게 앞으로 나아갔다. 때론 문제 해결을 위한 지혜도 발휘했다. 내 안에 자신을 지키는 힘이 생각보다 많이 내재해 있었다.

다른 한편으론 내가 청년기를 설명할 때 무심코 떠올렸던 '자립'이란 단어를 다시 생각해 보게 되었다. 마치 의지와 노력만으로 인생을 살아온 듯 착각하게 만드는 단어다. 이 글을 쓰는 과정에서 나를 챙겨주었던 사람들이 하나둘씩 등장했다. 과외를 했던 학생의 어머니는 다른 과외 자리를 주선해 주었다. 난 시골집에서, 누나에게서 종종 경제적 지원을 받았고, 학과장은 장학금을 챙겨주기도 했다. 과외했던 집의 한 어머니는 명절 때마다 보너스를 주었다. 쉽게 잊고 살았지만 이들은 나를 환대해 주고 살펴준 사람들이었다.

나의 처지와 내향적 성격으로 인해 깊은 관계를 맺지 못했지만 완전히 고립되었던 건 아니었다. 당시에 다가와준 학교 친구들이 있었다. 한 친구는 주기적으로 찾아오는 우울증을 털어놓았다. 같이 살고 있는 동생의 자살 시도 등이 원인이었다. 다른 친구는 형의 정신병원 입원 등 감당하기 어려운 일들을 이야기해 주었고, 이 때문에 불교와 철학을 공부하고 있다고 고백했다. 아마 이 친구들도 나 또한 어떤 문제로 힘들어 하고 있다는 걸 직감했을 것이다. 나의 몸, 말, 자세에서 알게 모르게 드러났을 테니까. 성소수자임을 그들에게 밝힐 수 없었다. 집안 이야기나, 다음 학기 수업료 걱정을 하고 있다는 것 그리고 가난한 농사꾼의 아들이란 것도 이야기할 수 없었다. 농촌 출신, 일하는 가난한 대학생이라는 배경에 수치심이 자리 잡고 있었다.

자의식 과잉인 청년이었다. 고립되었다고 자주 느꼈고 내 삶과 감정에 몰두하여 나에게 다가온 사람들에게 마음을 주지 못했다. 이들의 입장을 깊이 헤아리는 아량도 부족했다. 그럼에도 난 알게 모르게 여러 사람들과 연결되어 있었다. 나를 환대해 준 이들이, 나를 신뢰하고 다가와준 이들이 고맙게 느껴진다.

그리고 보고 싶다.

엄마와
샌프란시스코

새 밀레니엄의 시작인 2000년대에는 다른 세상이 열릴 거라 기대했다. 누구나 갖게 된 휴대전화와 전국 구석구석 연결된 인터넷 덕택에 퀴어에 대한 편견이 줄어들 것 같았다. 그러면 세상 밖으로 천천히 한 걸음씩 나오게 될 수 있지 않을까. 하지만 기대는 그리 오래가지 못했다.

디지털 세상이 오자 수십만의 동성애자가 익명에 기대어 온라인 공간에 모여들었다. 정보를 주고받고 낯선 이들과 연결을 시도했다. 비록 맨얼굴을 내밀 수 없었지만. 이들의 존재감이 드러나자 거센 역풍이 불었다. 동성애자들의 온라인 거점이었던 웹사이트들이 청소년 유해 사이트로 지정되는 이른바 '엑스존 사태'가 일어났다. 성소수자를 지칭하는 '이반'이나 '게이' 등의 단어도 인터넷 검색 금지어로 지정되었다. 동성애자들이 양지로 나오지 못하게 정부와 보수 세력이 적극적으로 나서기 시작했다. 그들은 내가 음란하고, 반인륜적이며, 에이즈 자체라고 우겼다. 새 밀레니엄 시대에 동성애자들이 사회악이나 질병으로 공식화되리라곤 꿈에도 생각하지 못했다. 이 일로 많이 낙담했다. 권력과 보수 세력들을 더 혐오했다. 당시 한국 사회에는 답이 없었다.

그들에게 대항할 힘은 미약했다. 성소수자 인권 운동은 초기 단계였고 소규모 조직에 머물렀다. 참여자를 모으기도 힘들었다. 당시 커밍아웃한다는 것은 가족과 직장을 잃는 결심을 하지 않는 이상 어려운 일이었다. 취미 활동을 같이하는 동호회 모임들이 그나마 양지로 나온 축에 속했다. 나를 포함한 대다수의 성소수자들은 싸우기보다 벽장 안에 숨는 쪽을 선택했다. 극장이나 지하 술집에서의 만남 대신 온라인을 통해 쉽게 만나는 번개팅이 대세를 이루었다. 세상과 분리시켜 밖으로 나오지 못하게 하려는 권력의 의도가 효과적으로 실현되었던 셈이다.

　서른을 넘기자 '노총각'이란 사회적 이름이 주어졌다. 가정을 꾸린 친구들과는 거리감이 느껴졌고 회사에선 인적 관리와 성과에 대한 부담이 가중됐다. 총각 팀장이라 불릴 때마다 자의식이 발동했다. 조직 생활을 언제까지 해야 할까. 뚜렷한 방향 없이 관성대로 살던 중 황망한 일이 닥쳤다. 엄마가 시한부 암 진단을 받은 것이다. 엄마는 시골집을 정리한 후 나와 같이 살면서 치료를 받았다. 입원과 퇴원을 반복했다. 다행스럽게도 엄마는 예상보다 잘 버텨주었고, 큰 고통 없이 몇 년간 충실하게 살았다.

　엄마와 영원히 헤어진 것은 인생에서 가장 슬픈 일이었다. 엄마가 하루아침에 존재하지 않게 된 사건 앞에서 내가 바라던 많은 것들이 몹시 허망하게 느껴졌다. 긴 애도의 시간을 거쳐야 했다. 가장 친밀한 관계망이 끊어지자 누군가를 만나고 싶은 욕망이 강해졌다. 나를 품어줄 관계 안으로 어떻게든 들어가고 싶었다. 좋아하는 사람과 연애하고 정착하는 삶을 살고 싶었다. 한국에선 그런 삶이 힘들었다. 한국을 떠날 방법을 구체적으로 알아보기 시작했다.

난 몇 번의 마우스 클릭으로 전 세계의 동성애자와 연결될 수 있었다. 온라인 미디어와 웹사이트를 통해 구미 선진국에서 동성애자들이 어떻게 받아들여지고 있는지, 이들의 권리가 어떻게 향상되고 있는지 알 수 있었다. 게이 포털 사이트들에서 영어권 국가의 동성애자들과 실시간 채팅도 할 수 있어 긍정적인 변화를 감지할 수 있었다. 네덜란드를 시작으로 선진국이라 불리는 유럽 국가에서 동성혼이 법제화되기 시작했다. 전 세계 게이들의 메카라 불리는 샌프란시스코에서도 동성 커플에게 결혼증명서를 발급했다. 이런 일이 내가 살아 있는 동안 한국에서 일어날 수 있을까. 가능성은 제로였다. 한국에선 모욕과 차별이 오히려 본격화되고 있었다.

샌프란시스코에 가서 살고 싶었다. 비자가 나오지 않은 불확실한 상태에서 휴가를 내어 답사까지 갔다 왔다. 남성들끼리, 여성끼리, 아니면 성별이 얼핏 구별되지 않는 이들이 손을 잡고 다니는 모습에 입을 다물지 못했다. 익숙한 일상의 풍경이라 어느 누구도 신경 쓰지 않는 듯했다. 각기 다른 피부색과 문화, 종교를 가진 사람들이 사는 곳, 다양한 스펙트럼의 성소수자들이 모여드는 그곳이라면 나를 환대해 줄 것 같았다.

회사 생활에 큰 불만은 없었다. 사람들도 좋았고 다른 회사에 비해 개방적이고 자유로운 분위기였다. 승진도 빨랐고 과외까지 병행했으니 경제적으로도 어느 정도 안정되고 있었다. 떠나려니 약간 죄책감이 뒤따랐다. 친구들, 형제들과 서서히 거리감이 생길 것 같아 가슴이 아리기도 했다. 또 날 붙잡는 회사 상사들도 맘에 걸렸다. 하지만 남은 인생을 벽장 속에서 살거나 벽장에서 한 발자국이라도 나오기 위해 투쟁하고 싶지 않았다. 한국에서의 삶에 만족할 수 없을 거란 어떤 확신이 있었다. 만일 영 아니다 싶으면 돌아오면 되니까.

만일 엄마가 계셨다면 어땠을까. 한국을 떠날 엄두를 내지 못했을 거다. 어려서부터 엄마에게 해주고 싶었던 게 있었다. 엄마가 편하게 살 수 있는 멋진 양옥집을 시골집 자리에 지어주고 싶었다. 엄마가 살아 계셨다면 이런 바람은 아마 이뤄졌을 것이다.

의도하진 않았지만, 엄마의 부재로 내 삶에 더 집중할 수 있었다. 한 생명이 스러진 대신 다른 생명이 자유를 얻었다. 엄마에게 미안했다. 마지막까지 나를 챙기고 보살

피려 했던 그 마음에 해줄 것이 아무것도 없었다. 나의 미국행은 마치 기다렸다는 듯 한국을 떠나려는 모양새처럼 되었다. 하지만 엄마가 나의 마음을 알았더라면 샌프란시스코에 가길 잘했다고 응원해 줄 거라 믿고 싶었다.

한편으로는 싸우는 게 무서워 도망치는 겁쟁이란 생각도 들었다. 20대 시절에 알고 지내던 동성애자들이 스스로 생을 포기하는 일이 있었다. 그중 한 사람은 인권운동을 하던 사람이었다. 그들이 경험했을 소외감과 절망이 이해되었지만 난 세상과 등지고 싶을 만큼 힘들던 적이 없었다. 이런 날 보며 가끔씩 '문제의식이 부족하거나 공감 능력이 떨어지나' 하는 생각을 하곤 했다. 힘든 시절에도 난 숨 쉬고, 사는 게 좋았다. 내 자신이 마음에 들지 않을 때도, 괴로운 일을 겪고 나서도 시간이 조금 지나면 살아갈 에너지가 스멀스멀 올라왔다.

살길을 무심히 찾아내는 내 모습이 자랑스럽지는 않았다. 때로는 그리고 지금도 가끔씩 스스로에게 '넌 매우 영악한 놈이야'라고 말하곤 한다. 정치적인 의식이 투철하거나 공감을 잘하는 사람이었다면 한국에서 탈주하겠다고 결정하지 못했을 것이다. 그럼에도 난 할 수 있는 최선을 다했고 내 상황에선 합리적인 결정이라 믿었다. 당시 있는 모습 그대로 존중받고 살아가는 것만큼 내게 중요한 문제는 없다고 생각했기 때문이었다.

엄마가 떠나고 1년 뒤, 내 손엔 샌프란시스코행 항공권이 쥐어져 있었다. 한국에서 가져갈 건 거의 없었다. 한 개 마련한 이민 가방이 반도 차지 않았다. 낯선 곳에서의 삶을 생각하면 약간 긴장되고 매우 들떠 있었다.

샌프란시스코에는 미국 전역에서, 그리고 전 세계에서 이주한 성소수자들로 넘쳐났다. 무지개 깃발만큼이나 생김새, 출신지, 옷차림 등이 다채로웠다. 대표적인 퀴어 문화 축제인 프라이드 거리 행진에는 부모들이 아이들의 손을 잡고 나와 무지개 깃발을 흔들어주었다. 더는 주말 밤을 기다리지 않아도 되었다. 캘리포니아 햇볕의 샤워를 받으며 카스트로의 책방이나 카페에서 시간을 보낼 수 있다는 게 믿기지 않았다. 이제부터 다른 나로 살 수 있을 거란 기대감과 함께 미국 생활이 시작되었다.

소수자 공동체에서
소수자가 된다는 것

미국 생활에서 성 정체성 때문에 무시당하거나 차별받는 일은 거의 없었다. 다양한 배경의 소수자들이 정착하는 대도시들에서만 살았고, 내가 이주한 이후 퀴어들의 법적 권리는 빠른 속도로 향상되었다. 특히 공적인 영역에서는 성지향성으로 인한 차별로부터 보호받을 수 있는 법과 시스템이 잘 마련되어 있었다. 일터와 학교에서는 성소수자에 대한 차별이 명시적으로 금지되어 있었다. 일자리를 지원하는 과정에서도 성지향성뿐 아니라 나이, 출신국, 시민권 여부에 기반한 차별이 금지되어 있었다. 내가 일을 꾸준히 할 수 있었던 것도 이러한 제도적 뒷받침 때문이었다.

미국에서 나는 다양한 소수자성을 지니고 있었다. 미국 내에서 소수 인종에 속하는 동양인, 미국에 방금 온 티가 나는 한국식 영어, (초기) 임시 영주권자로서의 지위 등으로 인해 공동체의 가장자리에 있을 수밖에 없었다. 가능한 것이라면 노력으로 극복하고 그렇지 않은 것들은 드러내지 않으려 애썼다. 미국 사회에서 통할 만한 사회·문화적 자본이 부족해, 힘에 부쳤다. 공부에 별 관심이 없었음에도 학교를 다녔고 일터에서 인정받기 위해 애썼다. 한국식 영어 발음이 의사소통에 별 지장을 주지 않음에도 이를 교정하려 애썼다. 어수룩한 이민자로 보일까 염려가 되었다.

퀴어 공동체에서 나의 인종, 국적, 이민자로서의 지위 등이 쉽게 수용될 수 있을 거라고 기대했다. 남들과 '다름'으로 인해 배제를 경험했던 사람들이 모인 곳이라고 생각했기 때문이었다. 실제로 많은 이들이 나를 '다른' 사람으로 보지 않았다. 하지만 얼마 지나지 않아 수용과 더불어 미묘한 배제 또한 작동하고 있음을 깨달았다. 당시 성소수자들은 LGBT 포털 사이트나 온라인 데이트 서비스를 통해 친구를 만들거나 데이트 상대를 만났다. 그곳에 올라온 게시물을 보고 흠칫 놀랐다. 글에선 본인이 찾는 상대의 특성들을 설명한 후, 마지막에 "흑인과 동양인은 제외"라는 문구로 되어 있었다. 끝 문장은 모두 대문자로 강조되어 있었다. 왜 게이들의 메카라고 불리는 샌프란시스코의 카스트로 거리에서 흑인들을 보기 어려운지 의문이 풀렸다. 어떤 이는 내게 시민권자인지 물었다. 시민권이 없다면 골치 아프니 친구나 연애 상대에서 제외시키겠다는 심산이었을 것이다.

우선 상대의 무지와 배려심 부족에 화가 났다. 미국 내의 인종 문제가 심각하다는 것은 익히 알고 있었지만, 직접 경험하는 것은 다른 문제였다. 소수자 공동체에서도 또 다른 소수자성을 갖고 있는 사람들이 소외될 수 있다는 사실이 무척 씁쓸했다. 당연한 이야기지만 미국 또한 똑같은 사람들이 사는 곳이었다. 단 소수자들을 보호하는 법적·제도적 장치가 체계적으로 마련되어 있다는 게 한국과 달랐다. 성소수자에 대한 주류 사회의 인식은 한국과 큰 차이가 있었다.

트라우마를 가질 만한 차별이나 모욕적인 일을 당한 적은 없었다. 배제는 겉으로 확연히 드러나기보다는 미묘하게 작동하는 경우가 많았다. 백인 친구와 같이 밥을 먹으러 갈 때 식당의 서버는 더치페이를 할지 묻지 않았다. 자동적으로 백인 친구 앞에 자주 청구서를 놓았다. 동양인은 일을 열심히 하고 목소리를 높이지 않아서 좋다면서 아시아인이 최고라고 칭찬하는 동료도 있었다. 의도적이건 그렇지 않건 '사소해' 보이는 배제들이었다. 이런 건 항의하기도 쉽지 않았다.

　　긴장해야 할 경우도 있었다. 특권층 다수가 점령한 공간에 들어갈 때는 (대부분 아무 일도 일어나지 않았지만) 미리 어느 정도 마음의 준비를 했다. 미세한 배제를 경험하거나 잠재적 배제에 대비할 때 내 안에서는 모순적인 감정들이 자라났다. 재수없다고 상대를 원망하면서도 자의식이 생겼다. 내게 문제가 없다는 걸 알면서도 혹시 몰라 자꾸만 자기 점검을 했다. 현실을 어느 정도 인정하고 타협해야 한다는 생각도 했다. 어디서 살든 소수자로서 겪는 부당함을 완전히 피할 수 없다는 사실을 수용했다. 종류와 강도가 다를 뿐이라고 생각했다. 내가 할 수 있는 건 내 힘으로 소수자 위치에서 빨리 벗어나는 것뿐이었다. 불가능한 것(인종)도 있지만 다른 건 노력하면 극복할 수 있을 거라고 생각했다.

소수자 경험은 내게 배움과 성찰의 기회가 되기도 했다. 한국에서는 나의 성 정체성을 공적으로 드러내지 않았기 때문에 그로 인해 직접적으로 차별받은 적이 없었다. 사회적 계급과 경제적 위치로 인한 부당한 대우는 있었다. 역으로 내가 한국에서 누렸던 특권에 대해 곰곰이 생각해 본 적이 없었다. 미국에서의 경험은 한국에서 겪었던 일들을 곱씹어보게 했다. 특권과 차별이 어떻게 작동하는지 전보다 잘 다가왔다. 한국에서 나는 아들로서, 남성으로서, 고등 교육을 받은 사람으로서 알게 모르게 많은 권리를 누려왔다. 내가 권리를 누리는 시간에, 배제되었을 사람들이 그제야 눈에 들어왔다.

배제당하는 경험은 내가 미국에서 늘 소수자인 것만은 아니라는 걸, 명료하게 인지시켰다. 남성 퀴어들은 여성이나 트랜스젠더에 비하면 주류에 들어가기가 수월하다. 남성으로서의 특권 때문이다. 이성애자 남성보다 오히려 퀴어 남성들과 일하는 걸 선호하는 사람도 많다. 내가 미국에서 공무원이 되고 승진도 무리없이 할 수 있었던 것은 한국에서의 졸업장과 이곳에서 학교를 다닌 경험이 한몫했다. 신분이 불안정하고 본국에서 영어를 배울 기회도 없이 미국에 온 이주노동자들에 비하면 엄청난 특권을 누리면서 미국에 정착한 셈이다.

내가 어떤 상황에 처해 있는지 또는 어떤 공간에 있는지에 따라 특권을 누리기도 하고 배제도 당했다. 이러한 통찰은 내가 겪은 배제에 지나치게 집착하지 않게 해주었다. 물론 직접 경험하는 소외나 차별이 가장 아프게 다가온다. 하지만 나 또한 자주 특권적 위치에 있다는 걸 잊지 않기 위해 애쓴다. 그럴 때 나는 다른 소수자들과 연결되어 있다고 느낀다.

게이로는
충분하지 않아

1980년대 후반, 고등학교 시절 이야기다. 친구와 학생용 영한사전을 보며 단어 맞추기 게임을 하고 있었다. 사전을 들추다 친구가 갑자기 게이gay 단어의 뜻을 물었다. 난 얼굴이 빨개지며 "매우 즐거운"이라고 답했다. 친구는 감탄했지만, 사실 난 이 단어에 은밀히 익숙해져 있었다. 당시 미디어의 동성애자 관련 기사에 종종 등장하던 단어였기 때문이다. 〈선데이 서울〉에서는 '게이'를 "여성이 되었거나 되고 싶은 남자"란 의미로 사용했다. 요즘의 '게이'는 당시 '호모'였고, '(MTF) 트랜스젠더'는 '게이'였던 셈이다. 이 단어를 사전에서 찾아보니 "매우 즐거운"이라고만 정의되어 있었다. 난 혹시 내가 '호모'나 '게이'로 알려질까 봐 몹시 두려웠다. 두 단어 모두 나에게는 어울리지 않는다고 생각했다.

20대 초 서울의 퀴어 공동체에 발을 디디고 나서 '이반'이란 단어를 알게 되었다. 이성애자(일반)와 다른 성 지향성을 갖고 있다는 것, 그렇기 때문에 이등 시민이 될 수밖에 없다는 걸 암시하는 은어였다. 당시 동성애자들 사이에서 널리 사용되고 있는 이 단어를, 나를 정체화하는 말로 받아들였다. '호모'처럼 외부에서 지어준 경멸적인 호칭이 아닌 공동체 내부에서 만들어낸 이름이 있다는 사실이 기뻤다.

언젠가 게이라는 단어가 서구권에서 전혀 다른 의미로 사용된다는 걸 알게 되었다. 나와 같은 남성 퀴어들이 자신을 당당히 '게이'로 호명했다. 그러나 한국 사회에서 오용된 이 단어로 나를 설명할 수 없었다. 시간이 지나면서 한국에서도, 특히 소수자 공동체 내에서 정체성을 나타내는 서구의 다양한 용어들을 차용하기 시작했다. 게이가 서구와 유사하게 사용되기 시작했다. 이러한 변화에 영향을 받아 이반보다 가치 중립적으로 들렸던 게이라는 단어가 더 와닿기 시작했다. 이를 내 정체성을 나타내는 단어로 서서히 수용했다.

　게이라는 단어에는 슬프지만 멋진 퀴어 운동의 역사가 숨어 있다. 스톤월 항쟁, 에이즈 위기, 동성애자 시민권 운동 등에서 남성 동성애자들은 자신들을 게이로 호명하였다. 본인들의 성적 지향성을 집단적으로 정체화하여 이를 긍정적으로 받아들이고 세상에 존재를 드러내기 시작했다. 게이라는 단어는 게이 인권 운동gay rights movement, 동성혼gay marriage 등 성소수자들의 정치적 권리 투쟁과 불가분의 관계를 맺게 되었다. 차별과 낙인에 대항한 역사와 승리의 자부심이 스며들어 있다고 할 수 있다. 난 그 역사와 함께하진 않았으나 멋진 역사를 세운 게이 커뮤니티에 소속되고 싶었다. 게이는 내 자신과 동일시하고 싶은 정체성이었다.

　미국에 온 이후 난 다른 사람들에게도 줄곧 게이였다. 이 단어는 퀴어 공동체에서뿐 아니라 이성애자들 사이에서도 일상적으로 사용된다. 경멸적 호칭으로 사용되는 경우는 없었다. 이젠 익숙해져 절대 변하지 않을 나의 이름 같기도 하다. 하지만 언젠가부터 이 단어가 정말 나를 잘 표현해 주는가 하는 의문이 들기 시작했다. 직접 경험한 2000년대 중반 미국의 퀴어 공동체는 책과 미디어로 접했던 예전의 그것과 꽤 달라져 있었다. 대도시에 살면서 게이 공동체의 주축이 된 밀레니얼들과 Z 세대들을 접할 기회가 꽤 있었다. 이들은 선배들만큼은 아닐지 몰라도 소수자 인권에 민감하다. 미국 도널드 트럼프 대통령 당선 후 여성 운동 측에서 마련한 항의 시위에서 많은 게이 남성들을 볼 수 있었다. 이 새로운 세대는 그루밍에 무척 열심이다. 매끈한 몸에 식스팩을 새기기 위해 피부관리 클리닉과 피트니스 센터에 다닌다. 중년의 게이들 또한 보톡스, 고급 크루즈 여행, 명품 의류 등의 주 고객들이 되었다. 지금 살고 있는 도시의 가장 큰 연례행사, 프라이드 행진에서는 상의를 탈의한 근육질의 젊은 남성들, 사회적 성취를 이룬 중산층 이상의 남성들이 그들의 매력과 자신감을 내뿜는다.

    근육질 몸, 사회적 성공, 민감한 인권 의식을 갖춘 이들을 멋지다고 생각하지만 어쩔 수 없는 거리감이 느껴진다. 내 몸은 프라이드 행진에서 셔츠를 벗고 돌아다닐 만큼 탄탄하지 않다. 말과 제스처도 자신감이 넘치지 않는다. 말은 조심스럽고 때론 어눌해진다. 영어는 영원한 외국어이기 때문이다. 지금껏 당당해 본 경험도 별로 없다. 내 몸은 자주 경직된다. 직장과 일상에서 모범이 되어야 한다는 압력 때문이다. 동양인이나 이민자에 대한 이미지를 실추시킬까 봐 긴장하기도 한다.

게이 공동체를 대표하는 이들과 나의 공통점은 무엇일까? 젠더와 성적 지향성을 공유하기 때문에 난 여전히 게이라고 말할 수 있을 것이다. 하지만 게이라는 단어가 나를 변하지 않는 존재로 고정시키고 있는지에 대한 의문 또한 생겨났다. 이 말에는 젠더와 성적 지향성이 불변한다는 전제가 깔려 있다. 난 정말 남성일까? 태어날 때 부여받은 성별에 의해 나는 남성성을 발현하고 남자 역할을 하도록 양육되고 사회화되었다. 그 역할을 그럭저럭 수행할 때도 있었지만, 많은 경우 그 역할은 불편했다. 자주 실패하기도 했다.

고등학생 때의 교련 시간과 군 복무 기간은 무척 고역이었다. 남성성을 자랑스럽게 드러내고 적극적으로 수행해야 남자로 인정받을 수 있었다. 그런 남성성은 기질과 맞지 않았다. 페니스를 가졌다는 이유로 사회가 몸에 부여한 고정된 역할만을 충실히 따를 의사가 없다. 그렇다면 내가 다른 게이 남성들과 공유하는 것은 성적 지향성만 남는다. 어쩌면 게이 정체성의 핵심이라고 할 수 있을 것이다. 남성의 몸만 욕망하는 성향은 고정불변한 것일까? 성적 지향성 또한 변하거나 유동적일 수 있다. 나 또한 그 가능성을 전혀 배제할 수 없다. 그럼에도 나는 여전히 게이라는 단어를 사용한다. 나를 정체화하는 데 도움이 되었기 때문이다. 또 타인과의 관계에서 이 단어를 사용해야 서로의 소통이 효율적일 경우도 많다.

 이러한 고민을 하면서 나를 정체화하는 언어 사용에 점차 변화가 생겼다. 게이와 더불어 '퀴어'라는 단어가 내 정체성 사전 안으로 슬며시 자리 잡게 되었다. 퀴어들은 성별, 젠더, 성 지향성 등에 흔히 적용되는 이분법을 거부한다. 어떤 특정 범주로 본인을 정체화하기를 꺼린다. 이 단어에는 이성애 규범(그리고 동성애 규범)에 대한 문제 제기와 저항도 내재되어 있다. 또 퀴어라고 말함으로써 자신의 젠더 정체성, 젠더 표현, 성 지향성, 성적 실천이 매우 복잡해 어느 범주에도 깔끔하게 들어가지 않음을 피력

한다.

 난 퀴어 정체성이 게이라는 단어가 내포하는 동일성과 정상성의 규범을 흐리거나 뒤집는 데 도움이 될 거라고 생각한다. 동성혼 법제화 이후 퀴어 공동체 내에서 정상성 규범에 대한 논쟁이 활발하게 일어났다. 전통적 성역할을 따르는 것, 한 사람과 연애하고 결혼하는 것, 커플 중심의 가족 관계가 삶의 우선 순위가 되는 것, 소비를 미덕으로 삼아 경제에 기여하는 것. 이런 삶이 마치 모범적인 동성애자로 여겨지는 문화가 확산되고 있었다.

 나 또한 이러한 정상성 규범의 압력에서 자유롭지 못하다. 파트너와 친구들과 공동체 안에서 어떤 대안적인 관계를 만들어야 하는지 고민하고 있다. 이러한 나의 고민과 퀴어 정체성은 맥을 같이한다.

 이반과 게이, 퀴어 모두 다 소중한 단어들이다. 사적인 역사가 들어 있기 때문이다. 난 세상의 편협한 시각과 차별에 적극적으로 저항하지 못했지만 나의 성 정체성에 문제가 있다고 생각한 적은 없었다. 내 '정상적인' 정체성 그대로를, 때론 내가 지향하는 모습을 생각하면서 자신을 정체화했다. 또 내 삶의 시공간이 바뀔 때 이에 따라 변화된 자신을 표현할 이름을 찾으려 애썼다.

때론 '왜 소수자들만 이름을 찾아야 할까? 왜 매번 해명해야 할까' 하는 생각에 억울해지기도 한다. 주류들은 자신을 설명하거나 해명할 필요가 없다. 그럼에도 이름을 찾고 수용하는 과정을 통해 알게 된 게 많다. 낙인 찍어 침묵하게 하는 권력의 힘이 막강해도 나 자신을 긍정하려 애썼다. 또 다른 소수자성을 가진 사람들과 연대감도 갖게 되었다. 트랜스 젠더, 장애인, 독거 노인 등 이들을 가리키는 이름들 속에 내포된 편견, 배제, 낙인 그리고 이것들에서 벗어나고자 하는 그들의 보이지 않는 저항 등이 느껴지기 때문이다.

이것들은 내가 이름표를 통해 정체성을 고민하고, 이해하고, 표현하려 애썼기 때문에 얻게 된 선물들이다.

다시,
새롭게 접속하다

2015년, 난 유부남有婦男이 아닌 유부남有夫男이 되었다. 당시 4년째 만나고 있었던 파트너와 결혼했다. 그해 연방 대법원의 판결로 미국 전역의 동성 결혼이 합법화된 덕분이었다. 미국에 처음 왔을 때 결혼은 선택지에 없었다. 동성혼이 언제 현실화될지 불분명했다. 여전히 나의 베스트 프렌드가 되어 주고 있는 파트너와의 합법적인 결혼으로 나는 퀴어로서 아메리칸드림을 실현한 셈이다. 친구들, 이웃들, 직장 동료들 모두 우리를 법적 커플로 존중해 주었다. 세금 감면, 의료 보험의 배우자 등록, 병원에서의 보호자 역할 등 이성애 커플이 누리는 혜택을 똑같이 받게 되었다. 결혼 후 난 공공 영역에서 안정된 일자리를 얻었다. 완벽하지 않아도 벽장 안에 숨지 않고 살 수 있는 환경에 감사했다.

 코로나 위기가 터지기 몇 달 전, 일종의 무기력이 찾아왔다. 불면증이 자주 왔고 회사에 가기도 싫었다. 단순히 일을 하고 싶지 않은 건 아니었다. 당시 내 삶은 크게 불평할 구석이 별로 없었다. 결혼했고, 안전한 동네의 2층집에서 살고 있었다. 대도시권에 위치한 우리 동네에선 부엉이와 딱다구리 소리를 들을 수 있었고 다람쥐, 도마뱀, 반딧불이를 실컷 볼 수 있었다. 경제적 문제로 걱정할 일도 없었다. 안정된 직장에서 근속하고 있었고 더는 월세를 내지 않아도 되었다. 그런 와중에 전에 없었던 무기력증을 겪게 될 거라고 전혀 예상을 못했다. 대학생 때부터 쉬지 않고 거의 30년간 밥벌이 노동을 해왔으니 지친 탓도 있었을 것이다. 나중에 추정한 것이지만 일로 인한 번아웃의 문제만은 아니었다.

 복합적으로 얽혀 있었겠지만 되짚어보면 두 가지가 주 원인이었지 싶다. 첫째는 내가 주변에서만 맴돌고 있다는 느낌 때문이었다. 10여 년을 미국에서 살았지만 친밀하게 연결된 공동체가 없었다. 미국 사회에 동화되지도 않고 고립되지도 않은 채 주변에서 겉돌고 있다는 느낌이 들었다. 미국으로 이주 후 나와 비슷한 처지의 이민자 출신 퀴어 친구들을 만날 수 있었다. 중국·대만·러시아·멕시코 등에서 온 이들은 어렸을 때 부모를 따라 미국에 왔거나 20대 초반에 유학을 와서 정착했다. 이들은 본국보다 미국에서 산 세월이 훨씬 길다. 성소수자이자 이민자로서 고충이 있지만 다들 미국을 고향으로 여겼다. 친구들의 영어 발음은 원어민에 가까웠다. 미국 문화는 자연스럽게 몸에 배어 있었다. 내 조건이 이들과 다르다는 걸 알고 있었지만, 시간이 지나면 나 또한 미국 사회에 자연스럽게 동화될 거라 믿었다.

처음 미국에 왔을 때 동화가 무슨 의미인지 고민하지 않았다. 시간이 지나면서 내가 동화할 수 없는 몸임을 조금씩 체감했다. 그들과 달리 내게 영어는 여전히 제2외국어다. 생존 영어야 익숙해졌지만 복잡한 이야기나 어려운 주제로 이야기하는 건 별개의 문제다. 여전히 머릿속으로 번역해야 입 밖으로 나오는 표현이 많다. 노골적으로 내 영어 발음을 지적하거나 이를 문제 삼아 차별하는 경우는 없었다. 하지만 직장에서 프리젠테이션을 할 경우, 몸은 며칠 전부터 초긴장 상태로 전환된다. 독서클럽에 가입해 활동해 봤지만 미국 문화가 짙게 배어 있을 뿐 아니라 엄청난 구어체가 등장하는 소설을 읽는 건 쉽지 않았다. 또한 그 이야기에 크게 감응하지 못했다. 그들과 나 사이의 언어적·문화적 갭이 꽤 크다는 걸 절감했다.

어쩔 수 없는 '한국인'이었다. 아침엔 반드시 쌀밥에 나물 반찬을 먹어야 속이 편했다. 미국 대통령의 혐오적 선동에 혈압이 올라갔고, 차별 금지법 통과에 무관심한 한국 양대 정당의 정치인들을 볼 때 분노 게이지는 더욱 높아졌다. 저녁마다 즐겨 보는 넷플릭스 리스트엔 미국 드라마보다 한국 드라마가 더 많았다. 착하고 든든한 파트너가 곁에 있고 친구들도 있었다. 그렇더라도 한국어로 사고하고, 한국 음식을 먹어야 하고, 한국 정서에서 편안해졌다. 아무리 오래 살았다고 해도 이곳에서는 정서적으로나 문화적으로 거리감을 느낄 수밖에 없었다.

갑자기 찾아온 무기력의 또 다른 원인은 삶의 새로운 방향이 잘 보이지 않았기 때문이라고 추정한다. 청년기 후반과 중년의 초반기에 내 방향은 어느 정도 확실했다. 자유로운 곳에 안정적으로 정착하는 것. 목표를 향해 달리면서 좋은 사람들도 많이 만났고, 뭔가를 성취할 때는 즐거움도 있었다. 소중한 시간이었다. 탈주와 정착에 에너지를 쏟아부으며 살다 보니 어느새 쉰이 되어 있었다. 삶이 안정되면 좀 느리게 그리고 다르게 살아보자는 생각은 있었다. 하지만 어떻게 해야 할지 방향이 잡히지 않았다. 주위를 둘러봐도 나와 처지가 비슷한 사람을 찾기 쉽지 않았고 닮고 싶은 장년과 노년의 롤모델도 보이지 않았다. 이렇게 헤매다 노년기가 불쑥 닥칠 것 같아 조바심이 났다. '공부를 해야겠다'는 생각이 들었다. 삶의 좌표를 세우는 데 도움이 되는 공부를 하고 싶었다. 동양 고전을 읽어야겠다는 생각에 한국에서 『논어』, 『도덕경』, 불교 관련 책을 잔뜩 주문했다.

마침 코로나의 여파로 한국의 몇몇 인문학 강의가 온라인으로 개설되었다. 불교와 주역의 기초를 훑는 온라인 강의를 들었다. 처음엔 나를 온전히 드러내기가 망설여졌다. 한국 공부 모임에서 커밍아웃은 미국에서 나를 드러내는 일과는 다르다. 나를 벽장 속에 있도록 만들었던 한국 사회의 가부장적이고 파시스트적인 모습들이 고정된 이미지로 자리 잡고 있었다. 기회가 생겼을 때 용기를 내어 내가 퀴어라는 것과 한국에서 탈주할 수밖에 없었던 이야기를 꺼냈다. 다수의 한국인들이 모인 공식적인 자리에서 한 최초의 커밍아웃이었다. 같이 공부하는 선생들은 아무렇지 않게 받아들였다. 그 후 보다 자유롭게 내 이야기를 할 수 있었고, 온라인임에도 공부하는 모임에는 뭔가 느슨하지만 끈끈한 연결이 느껴졌다. 나를 오픈한 후 '한국'과 다시, 새롭게 관계를 구성할 가능성이 열린 셈이었다.

다음 해엔 문탁 네트워크의 온라인 세미나에 참여했다. 글쓰기로 이루어진 상당히 까다로운 세미나였다. 세미나에서 그리고 개인적으로 소수자 작가들이 쓴 다양한 서사들을 접하면서, 지금의 나를 있게 한 경험과 복잡하게 응어리진 감정을 하나씩 해석하고 싶은 욕망이 일었다. 글쓰기는 쉽지 않았다. 텍스트를 재해석하여 자기 성찰에 이르러도 겨우 엉성한 글이 나왔다. 글쓰기는 장기전을 염두하고 해야 하는 노동 집약적인 일임을 그제야 알았다.

내가 잡은 주제는 '두려움'이었다. 소수자의 위치 때문에 세상과 권력이 두려웠다. 저항할 힘이 없었다. 그 과정에서 배제되었던 삶의 경험을 한쪽 구석에 계속 쌓아두었다. 이를 곱씹거나 드러내면 자책만 늘어날 것 같았다. 읽었던 책들은 그간 인지하지 못했던 나의 다른 모습을 볼 수 있게 도움을 주었다. 겁이 많아 도망칠 수밖에 없었다고 단순화했던 내 과거의 모습을 재해석했다.

난 생각보다 용기 있는 사람이었다. 불확실함을 무릅쓰고 보다 자유로운 환경을 찾아 여러 번 탈주했다. 내 여건에서 할 수 있는 나름의 저항이었다. 이로 인해 낯선 환경에 적응하는 법을 배웠고 삶의 기예를 익혔다. 다양한 소수성을 가진 사람들과 접촉할 기회도 얻었다. 두려움이 나의 취약함만은 아니었다. 이것이 삶의 추동력으로도 작동했을 것이다.

두려움에 대한 재해석은 자신을 긍정하게 된 중요한 일이었다. 부정적으로만 보였던 삶의 경험과 감정도 나를 통합적으로 이해할 수 있는, 중요한 나의 일부였다. 내게 다른 사람들과의 연결이란 어쩌면 내 이야기를 하는 것에서 시작되는 건지도 모르겠다. 나는 소수자 작가들과 같이 공부했던 학인들의 서사에 공명했고 연결됨을 느꼈다.

내 서사가 진실하다면, 상대에게 내 이야기가 진솔하게 다가갈 수 있을 것이다. 그럴 수 있으면 좋겠다.

아무것도
되지 않아도

작은물방울

평소 "낙숫물이 댓돌을 뚫는다"는 말을 좋아한다. 작은물방울이란 별명으로 10년 동안 인문학 공부하는 곳에 드나들었고, 책을 읽으면서 얻은 지식을 요가를 하면서 구체적으로 익히는 신기한 경험을 하고 있다.

요기니
입성기

인상적인 기억이 하나 있다. 부모님은 종종 어린 나를 앞에 두고 싸우셨다. 그럴 때마다 가슴이 두근거리고 불안했다. 두근거림이 잦아들 때쯤 엄마는 날 데리고 역 근처 버스터미널에 가서 고속버스에 올랐다. 그 버스가 고속도로에 진입하면 다른 세상이 펼쳐졌다. 주위는 검게 변했고 조명과 쿵쾅거리는 음악만이 그 안을 가득 채웠다. 엄마는 좌석 사이에 서서 엉거주춤하며 춤을 추었다. 그 모습이 우리 엄마 같지 않아 어색했지만 그도 잠시, 나도 그 옆에서 정신이 혼미할 정도로 몸과 다리를 꼬아댔다.

버스는 내리 출렁였지만 우리는 그에 질세라 열심히 추었다. 사회적 체면을 인식하기 시작한 뒤엔 그런 춤사위는 나오지 않았다. 하지만 그 시간은 '해방감'이란 이름으로 기억됐다.

출산과 함께 경력이 단절되었고, 거의 혼자서 돌보던 아이를 어린이집에 보낼 수 있게 되었을 즈음 헬스장에 등록했다. 그곳에 댄스홀이 있었다. 이른바 줌바댄스.

당시 내 몸은 다른 방향으로 흐르기도 했다. 문탁 네트워크에 몸담은 지 2년쯤 되었을 때 이런 이야기를 들었다. "공부는 엉덩이로 한다." "엉덩이가 무거워야 공부를 잘한다."

문제는 엉덩이의 용도를 의식해 본 적이 없다는 것이고, 또 다른 문제는 공부에 대한 욕망 또한 상당했다는 것이었다. 공부해 보자는 의지는 엉덩이(이 존재도 고집이 꽤 있었다)의 힘찬 저항에 부딪혔다. 그럴 때마다 그를 꾹꾹 눌러 앉혔다. 하지만 작용 반작용의 확실한 법칙이 있었다. 아이를 어린이집에 맡기고 의자에서 탈출하여 댄스홀에 입장한 엉덩이는 물 만난 물고기처럼 억압을 뚫고 나와 푸드득거리며 씰룩댔다.

문제는 여기서부터였다. 반년쯤 지나니 무릎에 통증이 시작되었다. 음악에 맞춰 몰입할 때는 해방감에 정신없이 추다가 일상으로 돌아오면 아픔이 몸을 찔렀다. 시간이 지나며 통증이 점점 심해져, 치료를 시작했다. 더는 해방감을 위해 통증을 견디기 어려웠다. 하지만 아직 헬스장 이용 기간이 여섯 달이나 남아 있었다. 그때였다, 헬스장 내 요가 수업이 눈에 들어온 것은.

그곳은 같은 헬스장이었지만, 밝은 느낌의 다른 공간이었다. 현란하게 돌아가는 조명도 볼륨을 크게 올려 쿵쿵거리는 음악도 없었다. 몸매가 드러나는 레깅스를 입은 회원들은 거울로 자신의 몸을 점검하며 가벼운 스트레칭을 했고, 조용한 목소리의 대화가 가끔씩 흘렀다. 새로운 세계로 진입하니 어색했고 긴장할 수밖에 없었다. 개인 요가 매트가 없어 공용 매트를 펴고 조용히 맨 뒷자리에서 분위기를 탐색했다.

내심 자신감은 있었다. 원정혜 박사부터 가수 옥주현의 다이어트 비디오 영상, 산후 요가 수업까지 합하면 1년 반 넘게 요가를 경험했다. 육아하면서도 짬짬이 운동을 계속했던 나였다. 이 정도는 식은 죽 먹기지.

당시의 요가는 전혀 역동성이 없는 지루한 스트레칭으로 느껴졌다. '미안하다, 잘못 봤다'라는 깨달음은 금세 찾아왔다. 수련 시작 후 몸이 더워지기 시작했을 때, 본격 수련도 아닌 도입부에서부터. 도망갈 문을 간절하게 찾았지만 정신 줄이 나가 방향감각이 사라졌다. 나갈 타이밍도 놓친 채 우왕좌왕 좌충우돌 우당탕탕 바보 같은 자세를 취하고 있는 내가 거울 안에 있었다. 극기 훈련으로 "앞으로 누워! 뒤로 누워! 엎드려 뻗쳐! 앞으로 굴러! 옆으로 굴러!"를 당할 때와 비슷한 기분이었다. 내 몸이지만 내 것이라 할 수 없는, 정신이 도통 차려지지 않는, 기분 나쁘게 정신없고 힘들어 미칠 것 같은 기분. 거울에 비친 내 모습은 너무 흉해서 '안 볼란다'가 되었다. 그 자세는 수리야나마스카라(태양 경배 자세)로 수련 전 워밍업 단계이자 요가의 기본 과정이었다.

예상과 다른 굉장한 역동에 숨이 쉴 새 없이 빨라졌다. 강사의 구령 소리는 내 숨소리 따위는 들리지 않는 듯 조금씩 속도를 냈고, 내 몸은 그 속도에 가속도까지 붙은 듯 무거워지고 있었다. 분명 이를 꽉 물고, 입을 앙 다물고 동작을 따라가는데 어디선가 끙끙하는 신음이

터져 나왔고, 자꾸만 균형을 잃어 고꾸라졌다. 결국 내 것 같지 않은 몸뚱이는 철퍼덕 소리를 내며 매트 위로 엎어졌다. 다른 사람의 땀 냄새가 배인 매트에 코를 박고 제대로 뻗었다. 운동했던 사람이란 걸 증명하기 위해 일어나고 싶었지만 그럴 수 없었다. 아무 생각도 들지 않았고 창피하지도 않았다. 가만히 누운 그 자체로 그저 행복했다. 정신이 반쯤 돌아왔을 때 이런 물음이 들었다.

'그동안 알았던 요가는 뭐지?'

주변을 둘러보았다. 요가 수련을 해본 사람이라면 '이게 무슨 소리인가' 싶을 것이다. 수련 시간에는 자신에게 집중하느라 다른 사람을 볼 겨를이 없다. 집 나간 내 정신은 그제야 천천히 기어들어오고 있었다. 나를 제외한 다른 사람들은 숨소리조차 차분하게 수련을 계속했다. '왜 나만 안 되지?'라는 생각이 들었지만 매트 위에 다시 서고 싶지 않았다. '대충 있다가 내일부턴 나오지 말아야지.' 그래서 누워서 대놓고 사람들을 구경하기 시작했다.

그중 한 사람이 눈에 들어왔다. 예쁜 몸, 예쁜 요가복, 예쁜 얼굴의 회원. 그분의 몸동작은 임윤찬의 라흐마니노프 연주처럼 차분하면서 섬세했고, 우아하면서 격정적이었다. 아사나(요가 동작)들의 연결을 고른 숨으로, 흐트러짐 없이 해내는 모습이 마치 무용 같았다. 한참을 감상하다가 생각을 고쳐먹었다. '저 사람처럼 되고 싶다.' 군살 없는 몸, 차분한 호흡, 아사나를 잘하는 그 회원을 닮고 싶었다. 내 몸을 우아하게 다루어보고 싶었다.

다시 일어났다. 차분하게 호흡하려고 애썼고 마음대로 안 되는 몸의 근육들을 천천히 끌어올리며 아사나를 시도했다. 역시 마음대로 되지 않았다. 뒤뚱거리다 철퍼덕 쓰러지거나 누워서 쉬기를 반복했다. 그러고도 다음 날 욱신거리는 몸을 끌고 요가 클래스에 갔다. 종종 그분을 훔쳐보며 언젠가 저렇게 될 날을 기다렸다.

그렇게 요기니의 세계가 시작되고 있었다.

세 번의
깊은숨

수련을 시작하면서 새로운 것들을 알게 되었다. 함께하는 회원들은 근력도, 유연성도, 체력도 좋았다. 그중 아무것도 갖추지 못한 나는 쓴맛을 보고 있었다. 요가의 힘든 점을 꼽으라 하면 첫째, 아무리 노력해도 안 되는 동작이 있다는 것이다. 둘째, 몸이 굉장히 아프다는 것. 입문 시절에는 첫째가 더 힘들었다. 한 번의 수련에 수리야나마스테(태양 경배 자세)는 대여섯 번 반복되었다. 하지만 반년이 넘도록 기본 아사나도 되지 않았다. 모든 동작이 어려웠지만 차투랑가 단다아사나(플랭크)-우르드바무카 스바나아사나(업독)-아도무카 스바나아사나(다운독)로 이어지는 흐름을 따라 하기 힘들었다. 배와 팔, 다리에 단단히 힘을 주어야 하는 자세였는데, 무리하게 버티다 보니 목과 어깨 주변이 아팠고 급기야는 고개를 숙일 수 없는 지경에 이르렀다. 한의원에서 침을 맞고 통증이 참을 만해졌을 때, 다시 매트 위에 섰다. 더 솔직한 마음이 있었다. 다가오는 여름에 울룩불룩한 살들을 드러내고 싶지 않아 운동을 쉴 수 없었다. 일단 매트 위에 섰지만 아픈 기억 때문에 동작을 시도하기 어려웠다. 차투랑가 단다아사나 자세 전부터 '아프면 어떡하지?'라는 걱정이 올라왔다. 기억은 몸을 더 굳게 만들어 그 동작을 시도하지 않고 넘기거나 흉내만 내는 수준에 그치게 했다. 어쩌다 용기를 내 시도해도 금세 자세를 풀었다. 몸에 각인된 아픔이 더 나아가지 못하게 만들었다.

　그만두지 못할 이유도 있었다. 아사나의 흐름을 따라가진 못했지만 팔뚝과 뱃살이 약간 줄어든 것 같았다. 다른 회원들이 입고 있는 옷을 참고해 요가복을 구입했다. 새 요가복을 입으려면 클래스를 그만둘 수 없었다. 레깅스를 멋지게 소화하려면 더더욱 그럴 수 없었다. 내친

김에 요기니라면 필수인 개인 매트도 장만했다. 검색의 검색을 거쳐 유명한 요가 그루들이 사용한다는 매트를 찾았다. 명성만큼이나 비쌌다. 비싼 요가 매트는 일평생 쓰는 것인 만큼 매트 위에 서기 전에 복잡한 준비 과정이 필요했다. '굵은소금으로 매트를 박박 문지른 후 두 시간쯤 배추처럼 절인 다음 깨끗이 헹구어 사용할 것.' 이 과정을 모두 마치니 나이키 모델처럼 전문가 요기니가 된 기분이었다. 새 매트에서 땀을 뚝뚝 흘리며 수련하는 기분, 아도무카 스바나아사나를 할 때 딴딴하게 내 손을 버티게 해주는 느낌, 비라바드라아사나(전사 자세)를 할 때 발가락을 쫙 벌려도 든든하게 지지해 주어 허벅지까지 힘이 전달되는 느낌, 타인의 땀 냄새가 배이지 않은 매트 위에서 사바아사나(시체 자세)를 할 때의 편안함… 레깅스와 매트가 나를 요기니로 만들어주고 있었다.

'통증과 아픔의 트라우마를 극복하기 어려우니 그만둬?'와 '비싼 운동 용품들도 장만했는데 계속해?'라는 고민의 크기는 거의 같았다. 어느 것이 이길까?

그날도 어김없이 노련한 다른 이들을 바라보며 '언제쯤 저런 동작을 해보나? 되기는 할까? 웜업조차 버벅거리는데 어느 세월에? 아무리 해도 되지도 않는 걸 붙잡고 있는 것은 아닌가? 책 읽을 시간도 없는데 그만두는 게 상책일 수도…' 같은 꼬리에 꼬리를 무는 생각들과 징징거리는 푸념들 때문에 머릿속이 시끄러웠다. 마침 허벅지 안쪽 근육과 무릎 관절들도 요가 따윈 그만두라는 반란을 일으키고 있었다. 허벅지 안쪽을 조이는 웃카타아사나(의자 자세)를 1분 가량 하고 있었다. 온몸이 바들바들 떨리고 한계에 도달한 것 같아 자세를 풀려고 할 때, 요가 선생의 말씀이 귀에 들어왔다.

"한계에 도달했을 때 깊은숨 세 번만 쉬어보세요. 새로운 흐름이 생길 수 있어요."

허벅지 안쪽은 이미 흰 깃발을 꺼냈지만, 호흡 세 번은 할 수 있을 것 같았다. 세 번의 숨을 쉰 다음 자세를 풀었다. '어, 이건 되네!' 탄성이 새삼 나왔다. 어제와 마찬가지로 아팠지만 한계를 넘은 것 같아 뿌듯했다. 이런 감정을 느끼는 나는 어제와 다른 오늘의 나였다. 그때부터 마음을 바꾸었다. '저들은 멋진 동작을 해내는데 나는 왜 안 되지? 이렇게 더딘데 언제쯤 저 동작을 할 수 있을까?'가 아니라, 할 수 있는 만큼만 하고 한계에 도달하면 깊은숨을 세 번만 쉬어보자고.

인생도 요가도 드라마틱하게 변화하는 일은 드물다. 변화는 미세해서 알아채기 힘든 곳에서 찾아온다. 세 개의 아사나를 매끄럽게 연결시키기는 여전히 어렵다. 하지만 아도무카 스바나아사나에서 비라바드라아사나로 전환할 때, 다리를 복근의 힘으로 당겨 매끈한 자세를 완성했다. 며칠 전까진 다리가 무겁고 배에 힘이 없어 애써도 당겨지지 않아 어설프게 흉내만 냈는데 말이다. 어쩌다 해낸 줄 알았는데 여러 번 해도 한 번에 성공하는 모습을 보면서 내 몸이 달라진 걸 느끼게 되었다. 기특했다. 조금씩 나아가다 보니 내일이 기대되기 시작했다. 몸과 마음의 작은 움직임들이 이어져 다른 아사나들도 조금 수월해지기에 이르렀다.

1년이 지난 후에 세 개의 동작을 물 흐르듯 조용히 호흡하면서 할 수 있게 되었다. 복근에 힘이 생기면서 차투랑가 단다아사나 자세가 가능해졌다. 복근에 힘이 없을 땐, 차투랑가 단다아사나 자세를 마친 후 무릎을 대고 매트에 엎드렸다. 이제는 두 발끝에 힘을 주어 복근의 힘으로 끝까지 내려간다. 겨드랑이 안쪽과 팔에 힘이 생겨 그것을 천천히 조이며 가슴이 바닥에 닿게 했다. 그 후 다리를 하나하나 정성껏 편 후 매트 위로 엎드린다.

다음은 우르드바무카 스바나아사나. 가슴 옆에 양손을 가져다 놓고 허벅지 안쪽 사타구니와 엉덩이를 조이면서 상체를 들어 올린다. 상체가 길어진다는 느낌으로 앞면을 늘리고 요추를 천천히 밀어 올리며 머리를 젖힌다. 고개를 제자리로 한 후 팔뚝과 복근에 힘을 주어 힘차게 배와 엉덩이를 들어 올려 아도무카 스바나아사나 자세로 연결한다. 여기까지 도달하면 포기하지 않은 나를 격려하며 한숨 돌린다. 아주 천천히, 더디게 수리야나마스카라를 배워갔다. 오랜 수련만이 아사나의 가능성을 열어줄 뿐이었다.

요가를 오래 수련했다고 하면 종종 사람들이 묻는다. "이효리처럼 허리와 등이 둥글게 말려 머리와 다리가 만나는 자세가 돼?" "〈올드보이〉에서 유지태가 한 것처럼 다리를 뒤로 올려 90도 각도를 유지할 수 있어?" 고난도 동작을 해야만 요기니로 인정된다는 질문이다. 난 당당하게 대답한다.

"아니, 안 돼!"

언젠가부터 난이도 높은 아사나를 목표로 두지 않는다. 하지만 아직도, 여전히, 부단히, 애쓰며 시도하고 있다. 더 이상 나아가기 불가능할 것 같은 한계에서 깊은 숨 세 번. 이것이 요가 수련을 그만두지 않고 지속하는 나만의 노하우다.

동상이몽

의지에 따라 몸이 움직이니 요가가 진정 즐거워졌다. 그런데 코로나가 번졌다. 집합 장소가 셧다운되었고 몸도 마음도 젖은 스펀지처럼 무거워졌다. 내일도 모레도 사람들과 만나는 일은 소원해 보였고 하루가 길기만 했다. 먹성 좋은 두 남자와 같이 있자니 종일 먹는 생각뿐이었다. 집에서 놀아야 하는 운명을 받아들인 우리(그전엔 각각의 개체였으나 코로나 땐 누구보다 끈끈했기에 알맞은 단어다) 가족이 가장 먼저 한 일은 몇 가지 OTT를 구독한 것이었다. 먹는 것을 좋아하는 사람들은 남들이 무엇을 먹는지도 관심이 많았다. 텔레비전 화면에 등장한 먹거리에 동거인들은 같은 말을 외쳤다.

"와, 맛있겠다!"

약간의 허기가 겹치면 화면 속 그 음식을 배달시켰고, 배가 부르면 음식 재료들을 온라인 쇼핑몰 장바구니에 담았다. 장바구니엔 동거인들이 즐기는 여러 종류의 고기와 새로 출시된 레토르트 식품, 디저트 그리고 안주(실은 가장 비중이 높았다)들까지 그득그득 담겨 있었다.

우리는 느지막이 일어나 아침 겸 점심을 먹은 다음 디저트를 입에 물며 하루를 시작했다. 중간중간 레토르트 식품들이 전자레인지에 들어갔다가 나왔고, 누군가가 과자를 꺼내면 "나도! 나도!" 하면서 한 줌씩 교환해 부스럭거렸다. 과자가 물리면 음료수를 찾았다. 하루해가 저물 쯤 아이의 자리엔 밥을, 성인들의 자리엔 기름진 안주와 함께 술잔을 놓았다. 밥을 먹고 일어났던 아이는 다른 안주가 나올 때마다 젓가락을 들고 다시 앉았고, 허기진 마음이 가시지 않는 날엔 배달 음식까지 먹고 잠자리에 들었다.

사육의 시간이 길어질수록 요가로 단단해진 근육과

마음이 조금씩 흐물거렸다. 몸무게 숫자 앞자리가 바뀌고 말았다.

코로나 블루 속에 몸을 돌보지 못한 건 나뿐이 아니었는지, 문탁 네트워크에 '단식의 새바람'이 꾸려졌다. 뒤늦게 합류했다. 단식이 끝난 후 우리는 양생의 삶을 위해 과제를 한 가지씩 수행해 보기로 했다. 나는 친구들과 함께하는 요가 수업을 권유받았고 반갑게 수락했다. 매주 두 번, 한 시간 남짓 친구들과 함께하는 요가. 좋아하는 일을 함께하는 건 즐거운 기대를 동반한다.

다섯 명의 친구가 모였다. 요가를 하던 당시에 지도자에게 잘한다는 칭찬을 받았다는 A, 아쉬탕가 요가를 반년쯤 했다는 B, 오랜 탁구로 몸을 단련한 C, 몸이 너무 약해 어려운 운동은 못 한다는 D, 간헐적으로 참가하는 E와 F까지. 연령대와 요가 경험이 다양한 이들의 이합집산이었다. 기대가 걱정으로 변했다.

웜업, 수리야나마스카라로 고요하게 시작하고 싶었다. 모두들 고요한 흐름을 타겠거니 생각했다. 하지만 선 자세의 기본, 산처럼 곧게 서 있기만 하면 되는 타다아사나(산 자세)부터 삐걱거리기 시작했다(타다아사나의 '타다'는

'산山'을 의미한다). '곧게 서 있는 게 왜 안 될까?'라는 생각이 들겠지만 사실 대부분이 어려워하는 동작이다. 뒤꿈치부터 발의 안쪽까지 바닥에 붙이고, 발바닥을 넓게 펼쳐 부드럽게 지면을 밀어내고 무릎을 붙여 허벅지 안쪽을 살짝 조인다. 허리는 곧게 펴고 가슴은 활짝 펼치며 정수리를 뽑아낸다는 느낌으로 일직선으로 선다. 항문과 배꼽을 조인다. 똑바로 선다는 느낌만으로도 기운이 차오른다.

하지만 여기 모인 몸치들은 제멋대로 서 있다. 고쳐줘야 할까? 하다 보면 알게 될 테니 일단 넘어갈까? 난 생각보다 말하기를 싫어했다. 아니, 많이 요구하면 수련생들에게 부담이 될까 봐 말이 나오지 않았다. 하지만 속으론 생각했다.

'요가 해봤다며!'

수련은 고요하지 않았다. 끙끙거리는 소리, 거친 호흡, '예전엔 이 동작이 됐는데 왜 안 되냐'는 푸념까지 섞여 원하는 분위기는 전혀 나오지 않았다. 대부분이 제대로 힘줘야 할 때와 이완할 때를 반대로 이해하고 있었고, 난 그들의 몸이 무척 걱정되었다. 아니나 다를까, 어디선가 "요가를 해서 그런가 몸이 아프다"는 이야기가 들려왔다. 신청자 다섯 명이 모두 결석하는 날이 생겼다. 그날, 혼자 조용히 수련했다.

외롭게 수련을 한 것이 소문이 났는지 세 명의 친구가 다시 나왔다. 몸을 쓰는 방법을 자세히 가르쳐야겠다고 굳게 결심했다. 동작의 완성도보다 신체의 어느 부분을 어떻게 신경 써야 하는지 열심히 떠들어댔다. 무릎의 각도, 허벅지에 힘 주는 방식, 힘을 분산시키는 방법 등등을 알려주기 위해 친구들의 어깨와 다리, 허리와 목을 조정했다.

A는 비라바드라아사나를 할 때 무릎을 너무 굽혔다. 이러면 허벅지가 아닌 무릎에 힘을 주게 되어 무릎에 무리가 갈 수 있어 각도를 조정해 주었다. 아쉬탕가를 했다던 B는 어깨에 과도하게 힘이 들어갔다. 어깨에 힘을 빼고 손가락을 붙이고 손끝까지 최대한 길게 뻗으라고 알려준 후 A를 돌아봤다. 아뿔싸, 이게 웬걸? A가 이전의 자세로 무릎에 용을 쓰고 있는 게 아닌가. 자세가 비교적 잘 잡힌 C에겐 더 엉덩이를 낮추어 허벅지 안쪽에 힘을 쓰라고 한 후 돌아서 B를 보았다. 그 역시 어깨가 긴

장되어 목은 사라졌고 손끝은 풀려 있었다. 심지어 D는 진작 힘들다며 포기했다. 환장할 노릇이었다. 수련이 끝난 후 다시금 이런 말이 들려왔다.

"요새 요가를 해서 그런지 너무 피곤해."

몸을 안 쓰는(안 쓰려는?) 친구들에게 8주, 16회 수업 동안 많은 것을 알려주고 싶었다. 수련 후 구겨졌던 몸이 펴지는 개운함, 몸에 집중하는 방법 그리고 몸을 돌보는 시간 등. 가장 열심히 참가했던 B가 회차가 거의 끝나던 무렵에 했던 말이 무척이나 인상적이었다.

당시, 수련의 마무리인 사바아사나를 할 때마다, 아끼는 음악을 선정하여 친구들에게 들려주었다. 겨울이 다가온 참이라 박효신의 노래가 떠올랐다. 박효신의 〈굿바이〉 노래가 끝나고 사바아사나를 마친 B는 말간 얼굴로 일어나 매트를 접으며 흡족한 표정을 지었다. '이제야 요가의 재미를 알게 된 친구가 생겼다' 싶어 잠시 뿌듯했다. B는 이렇게 말하며 문을 열고 나갔다.

"박효신 노래 중 〈굿바이〉가 최고인 것 같아."

아…. 박효신 목소리에 누가 감히 도전장을 내밀 수 있겠는가. 그래, 이 노래의 가사처럼 "우린 다른 꿈을 찾고 있던 거야."

 결국 친구들에게 요가의 즐거움을 전하지 못한 걸까. 나의 즐거움이 너의 즐거움이 되길 바라는 마음. 그것으로 너와 나의 거리를 줄이려는 시도들은 그 이전에도, 이후에도 번번이 실패했다. 공감받을 때 행복 지수가 올라가는 내게 이런 일들은 민감하게 다가왔다. 하지만 나의 다리가 나의 의지에 따라 원하는 위치에 닿게 된 일은 일주일에 세 번, 1년 이상 수련을 했을 때 비로소 일어난 일이었다. 두 달 동안 스무 번도 만나지 못한 친구들에게 요가의 즐거움을 바라기엔 욕심이 과했다.

 A는 진짜로 몸이 많이 아팠다. 투병을 하는 A에게 설불리 애매한 위로를 건네기 어려워 아무 말도 못 한 채 지내고 있었다. 몇 달 전, A에게 전화가 왔다. 나의 요가 이야기를 듣고 싶다고 했다. 작은 배반감을 주었던 B는 문탁 네트워크에서 유일하게 요가 수다를 나눌 수 있는 친구가 되었다. 지금은 온라인으로 새벽 수련을 하고 있단다. 탁구를 열심히 치던 C는 여전히 탁구를 친다. 이 정도면 요가 전도사의 임무를 절반은 성공했지 싶다.

또 다른, 새로운 세계

 이사 후 전입신고를 하고 새롭게 수련할 요가원을 찾았다. 가까운 곳에 한주훈(이효리의 요가 스승으로 알려진 분이다) 스타일의 하타요가를 가르치는 곳이 있었다. 포털 사이트 소개란엔 만다라와 다기가 놓인 사진뿐, 으레 요가원에 있을 법한 화려한 아사나를 보여주는 사진은 찾아볼 수 없었다. 꾸미지 않는 모습에 더욱 호기심이 일었다.
 한주훈 씨는 제주로 수련을 가서 두어 번 뵌 적이 있는데 긴 수염과 밝은 광이 나던 눈매 그리고 청명하고 깨끗한 목소리가 인상적인 분이었다. 첫 만남부터 범상치 않은 기운을 느꼈다.

하타요가도 처음이었다. 요가에는 여러 가지의 종류가 있다. 플로우flow를 따라가는 빈야사 요가, 정해진 시퀀스에 따른다면 혼자 수련이 가능하지만 난이도가 높은 아쉬탕가 그리고 머무름의 시간이 긴 하타요가, 요가 최고 경지라고 일컫는 라자요가 등등. 이 외도 많은 종류의 요가가 있다. 지금까지 빈야사 요가만 해왔기에 다른 스타일의 요가는 전혀 감이 없었다. 생소하고 낯설어 며칠을 주저하다가 문의했더니 첫 수련은 무료 체험이 가능하니 체험 후 결정해도 좋다고 한다. 그리고 이런 말을 덧붙였다. "편한 차림으로 오셔도 됩니다. 요가복도 괜찮고요." 그 말에 마음이 먼저 편안해졌다.

앨리스가 이상한 나라에 던져진 느낌이 이랬을까? 오묘하고 신비로운 분위기를 풍기는 공간이었다. 지금까지 경험해 보지 못한 곳이라, 정체를 알 수 없지만 긴장되거나 경계심이 생기진 않았다. 문을 열고 들어서니 허브향과 나무 태우는 듯한 냄새가 먼저 은은하게 다가왔고 콧속이 상쾌해졌다. 은은한 향기와 공간이 주는 따뜻한 느낌이 마음을 편안하게 해주었다. 사람들은 자신의 매트를 찾아 자리에 놓은 후, 선생의 찻상 앞에 모여 앉는다. 물이 보글보글 끓는 소리가 들리고 그분은 오늘 날씨와 계절의 기운에 맞는 차를 선택해 우린다. 이 모든 과정이 적당히 조용하고 고요하게 진행된다. 조금은 어색했지만 배척당하는 느낌은 없었다. 차를 마시면서 몸의 변화, 요가에 대한 질문들이 오가는데, 어떤 질문에는 답하지만, 어떤 질문은 그저 웃거나 "생각해 보죠"라는 간단한 대답으로 넘어가기도 했다. 당황스러울 법한 반응이지만 그렇게 느껴지지 않는, 어색하지만 친절하고 사려 깊은 답이었다. 시간이 지난 뒤 알게 되었다. 그 반응은 질문의 답은 자신이 이미 알고 있으니 조금만 생각해 보면 깨달을 거라는 메시지였다.

대접받은 보이차 또한 생경했다. 보이차는 대부분 '불가마에 있는 돗자리를 달여 마신 맛(비싼 것은 아니기도 하지만)'이기에 맛있다고 생각해본 적이 없었다(지금은 비싸서 못 먹는다). 하지만 차츰 몸의 반응을 살펴가면서 마시는 재미도 발견해 갔다.

보통 서너 가지(특별한 날은 열 가지가 넘는 차를 마시기도 한다)의 차를 두세 번 우려 마신다. 첫 잔의 맛과 두 번째, 세 번째 맛이 모두 다르다. 같은 차라도 다기의 종류에 따라 다른 맛이 나기도 한다. 어떤 차를 마시면 몸이 무거웠고, 어떤 차를 마시면 등과 겨드랑이에서 땀이 났고, 또 어떤 차를 마시면 혀 밑에 달콤한 침이 고였다. 어떤 차는 술처럼 취하기도 했고, 때로는 졸음이 쏟아졌다. 숙성한 시간과 차를 담은 그릇의 에너지, 차의 생산지, 발효 여부, 날씨와 그날의 내 몸 상태에 따라 차와 화학 작용을 했다.

처음에는 잘 몰랐는데 요즘엔 확실하게 차에 대한 반응이 느껴진다. 몸으로 알게 되니 어느 날부턴가 먹는 음식들과 내 몸의 화학 작용도 살피게 되었다. 나의 몸을 바라보고 알아가는 새로운 경험이었다. 다른 사람과는 쉴 새 없이 이야기하면서 나와는 해보지 않았던 대화를 이때부터 하기 시작했다.

하타 요가는 더더욱 새로운 세계였다. 인터넷에서 찾아본 바에 따르면 하타 요가는 홀딩(자세 고정 시간)이 길다고 했다. 빈야사 요가에서는 버티는 동작에서도 초를 센다. 카운팅이 있다는 건 버텨야 하는 시간을 가늠할 수 있다는 뜻이다. 하타 요가는 다르다. 5분인지 10분인지

(최대 20분까지 해본 듯하다) 헤아릴 수 없는 시간을 버틴다 (초보에게는 '머무른다'는 말보다 '버틴다'는 말이 적절하다).

흔히 말하는 다리 찢기, 하누만아사나를 약 15분간 지속할 때였다. 사람마다 힘든 동작은 다르지만, 개인적으로 두 번째로 어려워하는 동작이다(제일 어려워하는 동작은 다음 편에 소개하겠다). 해본 사람은 알겠지만 다리를 앞뒤로 벌릴 때 어떤 지점에 이르면 '이러다 사타구니가 진짜 찢어지겠구나'라는 느낌이 온다. 요가원이 아니었다면 그쯤에서 다리를 오므리고 '더는 못 해, 못 해!' 하고 손사래 친 후 소중한 허벅지 안쪽을 거칠게 쓸어주겠지만 모두가 자기 몸에 집중하며 고통을 즐기는(다른 사람들은 편안해 보였다) 분위기였기에 경박하게 행동할 수 없었다. 호흡하며 엉거주춤한 자세로 버티는데 별의별 생각이 다 떠올랐다.

'언제까지 이 자세를 하란 말인가? 진짜 찢어지면 어쩌지? 지금이라도 다리를 풀까? 아픈 부위를 바라보며 숨을 보낸다는 게 무슨 말이지? 외계어 아닌가? 저분도 지금 아무 말이나 하는 건 아닐까? 언제까지 이 자세를 하라고? 젠장, 아악! 아프다고!'

이쯤 되니 호흡이 거칠어지며 40여 년 동안 여러 경로를 통해 익혔고 발설하기도 했던 몇십 가지 욕이 한꺼번에 솟구쳐 올라왔다. 당장 문을 열고 뛰쳐나가고 싶었다 (실제로 뛰쳐나간 사람도 있단다).

명상의 시간이 아니라 욕이 올라오는 시간을 보내고 집에 돌아오면 낮잠이 몰려왔다. 무거워진 몸은 낮잠의 유혹을 뿌리칠 수가 없었다. 처음 시작할 때는 한두 시간을 자야 회복되었는데, 점점 그 시간은 짧아졌다. 오후쯤 일어나 얼굴을 보면 맑아져 있었다. 밥도 맛있고, 마음도 몸도 가벼웠다. 석 달쯤 지났을 땐 몸이 개운하게 펴지는 것을 넘어 이제껏 긴 시간 동안 몸을 써온 방식, 생각해 오던 방식들을 살피게 되었다.

그렇게 또 다른 세계와 만나고 있었다.

고통의
다른 이름

수련 후 낮잠을 청하면 찾아왔던 몸의 개운함은 수련 과정 반년만에 다른 양상을 띠었다. 몸이 굉장히 아팠다. 병원에 가야 할 것 같은 고통이었다. 고개를 움직일 때마다 승모근에서 귀 뒤까지 기분 나쁜 자극이 흘렀고, 가슴이 뻐근하며 무언가 막힌 듯 숨이 쉬어지지 않았다. 머리 뒤쪽부터 눈썹 사이를 거쳐 코까지 이어지는 신경선을 누군가 꽉 쥐는 것 같은 답답함, 골반과 엉덩이 고통까지…. 이 정도로 아프다면 틀림없이 몸에 문제가 있는 거 아닌가 싶어 두려워졌다. 요가 수련을 하면 다시 괜찮아졌다가 며칠이 지나 또다시 아프기를 여러 차례 반복하고 있었다. 그러다 숨이 멎을 것처럼 숨이 잘 쉬어지지 않는 현상이 일어났다.

'하타 요가'의 하타Hatha는 해Ha(양)와 달tha(음)을 뜻하고, 요가는 결합을 의미한다. 우리말로 '음양의 에너지를 조화롭게 결합하다'는 의미다. 쉽게 이야기하자면 중력의 반대 방향으로 에너지를 흐르게 한다는 뜻이다. 중력이란 단지 지구가 인간과 물체를 당기는 에너지만 의미하지는 않는다. 말하고 행동하는 방식, 생각하던 방식으로 살고자 하는 것 또한 중력에 해당한다. 나라는 존재가 사회·가족·동료에게 영향을 받으며 수십 년 동안 살던 방식은 몸에 흔적을 남긴다. 그 방식이 안정적이고 편하니 그대로 살아가려 한다. 몸에 새겨진 이 흔적을 불교에선 업보라 하고 산스크리트어로는 '카르마karma'라 부른다. 그렇다면 하타 요가는 업보를 없애거나 쌓지 않기 위한 행위다. 요가를 운동뿐 아니라 삶의 양식 중 하나라고 생각하는 이들은 이 말에 수긍할 것이다. 거창하게 이야기하지 않아도 된다. 오른쪽을 익숙하게 사용하는 오른손잡이가 반대쪽도 사용해 조화를 이루려는 것이

잘사는 삶이라는 이야기다.

고통은 후굴後屈 동작에서 시작되었다. 잠깐 맛보기식 동작이 아니었다. 부장가아사나(뱀 자세)를 10~15분, 우스트라아사나(낙타 자세)를 2~3분 이상 버티는 과정은 쉽지 않았다. 욕지거리와 함께 여섯 달 동안 부장가아사나를 버텨냈더니 더한 것이 나를 기다렸다. 성인 남성이 10초에 한 번씩 요추를 콱 밟고 가는 고통이 왔다. 특히 우스트라아사나는 잠시도 버티지 못하고 자세를 풀곤 했다. 5초 가량 버티게 되었을 때 젖힌 목, 휜 가슴, 버티는 다리 등 어디 하나 성하지 않았고, 특히 숨이 쉬어지지 않아 고통스러웠다.

집에선 더한 고통이 따라왔다. 말이 없는 요가 선생은 이 진지한 고통에 대해 '각성의 과정'이라는 이상한 말로 진단을 내리고 입을 다물었다. 『요가하는데 왜 아프죠?』(나 같은 사람이 많아서 생긴 제목일 것이다. 위안받았다)라는 책도 읽어보았지만 큰 도움을 받진 못했다.

인생에서 일어나는 대부분의 일은 당시엔 이해할 수 없지만 시간이 흐르면 비로소 알게 된다. 중년의 몸인 나는 중력의 방향으로 노화가 진행이 되는 중이니, 전굴보다 후굴이 더 고통스러운 것이다. 하지만 그 외에도 다른 것들이 있었다. 요가에선 정수리에서 척추선을 따라 일곱 개의 차크라가 위치해 있다고 한다. 간단하게 이야기하면 '차크라는 기운(에너지)이 모여 있는 곳이므로 몸과 정신적 힘에 영향을 미친다'는 정도로 이해하면 된다. 유독 나를 힘들게 한 건 가슴에 있는 차크라였다. 숨이 쉬어지지 않는다는 건 가슴이 닫힌 경험이 많다는 뜻. 한마디로 긴장한 지 오래되었다는 것. 현대인들 모두 마찬가지이겠지만, 심리적으로 편안하지 않은 관계가 오래 지속되어 이런 증상이 나타나는 것일 테다.

아마도 그럴 것이다. 편안하기보다 긴장이 지속되는 가정에서 자랐고, 관계를 소중하게 생각하다 보니 불편해질까 봐 남을 더 신경 썼다. 누군가에게 미움받기 싫어서 참았다. 누가 시킨 것도 아니고, 틀린 것도 아니다. 그저 살아온 방식일 뿐이다. 그러나 이건 알아두어야 한다. 누르는 압박은 폭발과 동의어다. 오늘은 압박이라 쓰지만 내일은 폭발이 될 것이기 때문이다. 오늘의 행운이 내일은 불행이 되는 것, 이와 반대도 마찬가지라는 걸 아는 것과 같다. 불교 공부를 한 덕에 이를 머리로 이해하는 게 어렵지 않았다.

　오늘의 고통이 내일의 평온을 가져다 줄까? 내 가슴의 오랜 긴장을 고통과 함께 풀어내면 불쑥불쑥 올라오는 화로 인해 말로써 남을 할퀴는 짓을 그만둘 수 있을까? 상처받기 싫은 마음에 조심스레 정성을 들여 애쓰는 것들, 그런 것이 무너지고 전해지지 않을 때 통제되지 않는 눈물을 멈출 수 있을까? 누군가를 사랑하면서 증오하는 마음이 해결될까?

　아직 그렇다고 하긴 어렵다. 하지만 아픔이 내 가슴을 조금씩 열어주고 있다. 오랫동안 딱딱하게 움켜쥐고 살았던 마음을 알아주고, 천천히 쓰다듬고, 그것이 혼자만의 힘으로 해결할 수 있는 것이 아니었으니 홀로 짊어지지 말라고…. 소중한 숨을 열리지 않는 곳으로 보내며 온기를 전해본다. 자신에게 쏟아본 적 없는 따뜻함을 그 시간만큼은 충실하게 전한다. 그렇게 따뜻한 숨의 온기로 1초씩, 1초씩 견디는 힘이 늘어났다. 그러나 어제보다 더 못 견디는 날도 있었다. 어느 날인가 도저히 할 수 없을 것 같았던 우스트라아사나를 3분쯤 버틴 후 와락 눈물이 쏟아졌다. 가슴에서 꽉 쥐고 있던 것들이 느슨해지며 퍼지는 기분이었다. 몸이 개운해지고 편안해졌다.

　알아챌 수 없는 시간이 지나자 화 내는 횟수가 줄었고, 화가 화를 부르는 상황을 알아차렸다. 예를 들면 아들에게 "방 치워!"라고 말한 뒤 올라오는 그 감정을 인식했다.

　"그 작은 것 하나 제대로 못 하니! 뭐가 되려고 그래." "바닥에 있는 물건들 버릴 거니까 알아서 해." "양심도 없어. 같이 사는 집에서 자신의 역할은 안 하고 먹고 싸기만 하니."

　이런 말을 하지 않는다는 게 아니다. '그런 말까진 할 필요 없었구나'를 안다는 것이다. 열 번의 화가 9.5번으로 줄었고 마음이 널뛰는 간격이 조금씩 완만해졌다. 화가 올라올 때마다 3초 정도 기다렸다가 이야기를 했다. 잔뜩 웅크린 근육도, 꽉 뭉친 마음도 아픔의 시간을 견디며 균열을 일으켰다. 이 과정은 지금도 진행 중이다.

　그래서 오늘도 수련을 간다. 수련의 고통이 평온함으로 나아가기를 바라면서. 이렇게 쓰니 거창하다. 긴장되고 불안한 시간보다 여유롭고 편안한 시간이 조금 더 길어지길 바라면서.

책 읽고, 요가하는 할머니

 시간은 많고 할 일은 없는 무료한 시기였다. 아침마다 매트를 매고 요가원을 찾았다. 요가를 했기 때문인지, 복잡한 마음에 몸을 과하게 썼기 때문인지 모르겠지만, 몸이 아팠다. 몸과 마음 모두 만신창이라는 말이 딱 어울렸다. 아파도 요가를 해야 하나. 물음이 들었지만 달리 시간을 보낼 방법을 몰랐고 다른 걸 알아보기도 귀찮아서 할 일이 없는 아침이면 매트를 매고 집을 나섰다.

 수강생들은 대부분 요가 강사들이었다. 아사나도 훌륭했고 요가를 통해 삶을 바꾸려는 역동이 느껴지는 사람들이었다. 나보다 연상인 이들도 몇몇 있었다. 그들을 보면서 '3년 정도 열심히 수련하면 요가 강사를 할 수 있지 않을까'라는 막연한 꿈을 꾸었다.

전도연과 류준열 주연의 〈인간 실격〉이라는 드라마가 있다. 내용은 없고 분위기가 전부인 드라마였는데 끝까지 본 이유는 전도연이 청소 일을 하는 아버지를 붙잡고 흐느끼며 한 대사 때문이다.

"힘들게 키워준 아버지 때문에라도 노력하려 했는데… 노력을 어떻게 해야 하는지 모르겠어…. 전 아무것도 못 됐어요. 아버지… 나는 세상에 태어나서 아무것도 못 되었어요."

2년 넘게 하타 요가를 하고 있었지만, 실력은 생각만큼 나아가지 못했다. 예상했던 대로 1년을 더 수련한다고 해도 강사는커녕 노련한 수련자라는 명함도 내밀기 어려워 보였다. 수련 기간은 7~8년 되었지만 결국 아무것도 못 될 것 같았다. 요가 강사뿐이 아니었다. 나름 대로 치열하게 애쓰며 살았지만 아무것도 되지 못했다. 20대엔 열심히 연극을 했지만 연극인은 되지 못했고, 주변에서 인정받는 괜찮은 사람이 되고 싶었지만 가까운 가족에게조차 인정받지 못했다. 인문학 공부를 한다고 10년 가까이 문탁 네트워크를 들락거렸지만 학인도 되지 못했다. 아무것도 되지 못했는데 더 어떤 노력을, 어떻게 더 해야 하는지 몰랐다.

한심한 나날을 느리게 흘려보내던 어느 날, 수련 중 요가 선생의 말이 들렸다. "애쓰고 힘쓴다고 빨리 아사나가 좋아지지 않는다. 잘해야 한다는 생각 없이, 집착 없이 수련을 하라."

자주 들었던 말이었지만 그날따라 묵직한 울림이 있었다. 이런 생각이 올라왔다. '항상 무언가 되기 위해서, 목적을 가지고 행동해왔다. 그러다 보니 그 자체로 즐기기가 불가능했다. 요가를 할 땐 요가 강사가 되어야 하고, 공부를 할 땐 학인의 명예를 얻고 싶었다. 무언가가 되기 위해 애써 열심히, 너무나 잘하고 싶었다. 이 모든 게 지나친 집착이 가져온 행동이었구나.'

스스로를 한심해하고, 명예와 직업을 가져야 한다는 조바심으로 나를 다그치고 인정하지 않았다. 결국 자신을 있는 그대로 인정할 수 없는 건 다름 아닌 나였다. 스스로에게 가장 무례하고 가혹했고 잔인했다. 사바아사나의 시간, 조용히 눈물이 흘렀다.

그 이후, 잘해야 한다는 강박 때문에 긴장하는 몸과 마음을 내려놓는 연습을 하기 시작했다. 요가 강사라는 꿈을 이루기 위해서가 아니라 그 시간을 온전히 즐기기 위해 집중했다. 사람들과 이야기할 때도 듣는 시늉만 하는 게 아니라 진심으로 귀를 기울였다. 부족한 나를 들여다볼 때마다 '괜찮다'고 말해 주었다. 도망치고 싶은 마음, 너그럽지 못한 마음, 미워하는 마음이 일어날 때 그럴 수 있다고 토닥였다.

멋지고, 잘하고 싶은 마음을 버리고 그저 그냥 하는 마음을 가지려 노력했고, 1년이 지났다. 하지 못했던 아사나가 드라마틱하게 성공하는 기적은 일어나지 않았다. 하지만 예전보다 숨이 깊어진 나를 본다. 따뜻하고 소중한 숨이 가슴을 지나 골반, 다리 끝까지 전달된다. 숨을 바라보는 시간이 편안하고 즐겁다. 내 안에 잠재된 힘들이 엄청나진 않지만 그렇다고 작지도 않음을 느낀다. 무엇도 되지 못했지만 존재만으로도 사랑스러운 나를 종종 발견하기도 한다. 다른 존재들의 아름다움 또한 발견한다. 반짝이는 세상도.

이제 요가 강사가 돼야 한다는 꿈은 꾸지 않는다. 다만 다른 꿈이 생겼다. 잘한다는 건 오래하는 것이므로, 머리가 하얀 할머니가 되어서도 다치지 않고 요가를 하고 싶다.

이제 내 꿈은 이상하고, 명랑하고, 책 읽고, 요가하는 할머니다. 이미 꿈이 이루어진 것 같아 웃음이 슬슬 나온다.

암과
함께

노라

지금은 성인이 된 세 아이들이 있다. 아이들이 많이 놀며 자랐으면 해서, 이 이름을 지었다. 아이들과 같이 나도 이름값을 하려고 노력한다. 놀다가 여력이 남으면 공부한다.

"우리 엄마 아미래"

"우리 엄마 암이래."

"정말?"

친구의 엄마가 암이라는데 왜 웃지? 알고 보니 방탄소년단 팬클럽 '아미ARMY'를 말한 줄 알았단다. 그 이야기를 나누며 가족들과 깔깔 웃던 내가 어느 날 유방암 환자가 되었다. 아, 나도 이제 아미다!

갑작스러운 암 선고에 밤새워 고민했다. 인터넷에서 온갖 정보를 찾고, 유방암 환우 카페를 매일 들락거렸다. 그곳에서 난 위안과 불안을 동시에 얻었다. 치료를 마무리한 지금도 매일 숙제처럼 환우 카페에 들른다. 오늘도 많은 신입들이 가입했다. 그들은 두려워하고, 원망하고, 고통스러워한다. 난 속으로 그들에게 말을 건다. '힘내세요! 이 또한 지나갑니다.' 카페뿐 아니라 주변에도 유방암 환자들이 많아졌다. 먼저 투병했던 내게 그들이 직접 연락하기도 하고, 반대로 내 쪽에서 손을 내밀기도 한다. 이참에 암 선고를 받은 이후의 과정을 통해 내가 얻은 정보들을 나누어 보려고 한다.

2021년 1월, 유방암 3기 진단을 받았다. 건강검진을 소홀히 했던 나이기에 누구를 원망할 수도 없었다. 온전히 스스로 책임져야 했다. 사실 유방암에 대한 걱정을 한 적은 없었다. 짧게나마 모유 수유한 경험도 있고, 가슴을 압박하는 브래지어도 즐겨 하지 않았으며, 심지어 갱년기에 필수라는 호르몬 약도 먹지 않았으니까. 무엇보다도 가족력이 없었다. 그런 내게 왜 이런 일이 생겼을까? 언제 병에 걸린 걸까?

물론 병원 안내 책자 곳곳에서 암의 원인이라고 지목하는 음주, 비만, 운동 부족, 스트레스에서 자유로울 수 없었다. 다 해당했다! 왜 나냐고 울고불고하며 누군가를 원망하는 것도 문제지만, 순전히 '내 탓이다' 여기며 자책하는 것도 문제다. 암에 걸리는 건 교통사고처럼 누구에게나 일어날 수 있는 일이다. 원망과 자책하는 시간은 짧게, 책과 자료를 보며 치료 방법을 찾는 게 낫다.

유방 엑스레이 촬영은 대부분의 여성이 꺼리는 경험이다. 가슴을 최대한 잡아 짜내서 두 철판 사이에 집어넣고 누르면 비명이 절로 나온다. 이것이 유방암 검사의 최대 적이 아닐까?

물어물어 여의사가 있는 믿음직한 유방외과를 찾아갔다. "갑자기 커다란 몽우리가 가슴에서 잡혔어요." 의사는 '어쩜 저렇게 둔할까' 하는 표정으로 날 바라봤다. 그럴 리가 없다고, 이 정도라면 적어도 2년은 넘었을 거라고 했다. 전조 증상이 있었나? 축제에서 신나게 팔을 흔들어댄 후에 쇄골이 몇 달 동안 아팠고, 주기적으로 심한 이석증이 왔으며, 모임에서 술을 마시고 뻗은 적도 있었다. 무엇보다도 외출했다 귀가하면 잠시 누워 있어야 할 정도로 온몸이 피곤했다. 암이 아닐 거라고 은근히 믿었던 구석도 있었다. 몸무게는 전혀 줄지 않았기 때문이다. 암 환자라면 모름지기 살이 쪽쪽 빠져야 하지 않는가! 드라마를 너무 많이 봤나?

소식을 전해 들은 친구들은 주변에 유방암에 걸리고도 완치되어 30년간 잘살고 있는 지인들 이야기를 전하며 나를 위로했다. 누군가는 "너처럼 센 사주를 타고난 사람은 쉽게 죽지 않는다"라고 했다. 그런 말을 들을 때는 다 위로로 다가왔다. 그러나 홀로 있는 밤이 되면 오만가지 생각이 났다. 내가 떠나면 남겨질 가족들이 제일 걱정이었다. '세 딸은 결혼하지 않는다고 했으니 특별히 친정엄마 노릇은 필요 없겠지. 철딱서니 없는 남편은 어쩌나, 늙은 부모님은 어쩌나.' 밤새 눈물이 났다.

갑자기 10년 전 친정 아빠가 항암 치료를 하실 때 제일 유용했던 물건이 안마기였다고 하신 말이 생각났다. 항암의 통증을 누군가가 '온몸을 두드려맞은 듯한 고통'이라고 표현했다. 그래서 항암 치료를 하기 전, 안마기부터 샀다. 성능이고 뭐고 따질 새 없이 그저 제일 먼저 도착 가능한 제품으로 구매했다.

항암 치료를 하기 전에, 주변 정리부터 하고 싶었다. 먼저, 남은 사람들에게 폐가 되지 않도록 쌓아둔 짐을 버리기 시작했다. 버리자! 소박해지자! 책을 읽어도 변하지 않던 나의 생활이 암 선고에 지반부터 흔들렸다. 나는 전생에 거지였을지도 모른다고 생각할 정도로 물건을 버리지도 못하고, 주워 오기도 잘한다. 옷장에 걸려 있는 결혼할 때 입었던 정장과 작은 옷들, 찬장 속 플라스틱 그릇, 유통기한 지난 화장품, 세미나할 때 받았던 프린트물, 오래된 책들…. 다시 보지 않을 것과 사용하지 않을 것을 과감히 버리고 박스에 담으며 매일 정리했다. 무슨 미련으로 구석구석 쟁여 놓았던 것일까? 항암을 준비하던 당시엔 죽음까지 생각했다. 이미 3기이니 언제 4기로 진행될지도 모르고, 전이와 재발이 많은 유방암 특성상 오래 생존할지 알 수 없는 상황이었다(그러나 그때 버린 것을 지금 다시 사고 있다…).

남편은 암일지도 모른다는 내 말을 믿지 않았다. 병원에서 진단이 내려지고 더 큰 병원으로 옮기자 그제야 실감하기 시작했다. 밤새 인터넷 검색을 하던 그의 뒷모습이 생각난다. 그는 유방암에 관련된 논문이건 기사건 몽땅 찾아 읽었다. 코로나로 인해 여유로워진 회사 사정 덕분에 늘 병원에 동행했다. 이 모든 과정을 남편과 함께 겪는다는 게 든든했다.

아이들에게 어찌 알려야 할지 고민이었다. 대학입시를 마치고 해방감을 느끼고 있는 막내를 방해하고 싶지 않았다. 숨기면서 검사의 검사를 거듭하고 있을 즈음 대학 졸업반인 둘째가 물었다. "엄마, 수술은 언제 해?" 갑작스러운 질문에 나와 남편은 놀라 얼떨결에 "6월"이라고 대답했다. 간호사 친구를 둔 둘째는 수술할 수 있을 정도면 심각한 상황은 아닌 거라며 나를 위로했다.

아이들은 당번을 정해 집안 살림을 하기 시작했다. 거실 청소와 빨래, 자기들 몫의 음식을 아이들이 담당하고, 내 몫의 음식과 빨래는 남편이 맡았다. 다 키웠다! 일찍 친정엄마를 잃은 친구들의 조언도 도움이 되었다. 오지 않을 걱정일랑 하지 말고 치료에 집중하라고, 설사 내가 없다 해도 남은 이들은 잘 살아갈 거라고 위로했다.

아이들은 그 무렵 자기들끼리 '눈물의 회의'를 자주 소집했다고 한다. 둘째가 "정신 단단히 차려야 한다"고 다른 아이들에게 울지 말라는 명령을 했다는 말도 나중에 전해 들었다.

가족들이 함께해도 삶과 죽음에 관한 고민은 온전히 나의 몫이다. 일주일 간격으로 잡힌 검사를 기다리는 시간이 제일 힘들었다. 자주 친구들과 불안을 공유했다. 환우들 중에는 투병 과정을 주변에 절대 알리지 않으려는 경우도 있다. 수군거리는 그 시선이 아주 불편하다. 그러나 난 "병은 알려라"는 옛말에 동의한다. 환자를 보면 도와주고 싶은 마음이 먼저 드는 것이 인지상정이다. 나 역시 친구들과 이 과정을 같이 나눌 수 있어 행운이었다. 의사는 환우 카페의 글을 자주 살피지 말라고 권했다. 과잉 정보로 인해 쓸데없는 고민과 질문을 많이 키운다고 했다. 그것도 과연 맞는 말이었다.

내 몸과 내 병에 집중하는 것이 제일 필요한 일이었다는 걸, 이제야 안다.

항암 '산'을 넘다

암의 사이즈는 7.5센티미터였다(보통 1~2기는 1~2센티미터다). 암세포는 왼쪽 림프절까지 침범한 상태였다. 늦어도 너무 늦었다! 급히 쇄골 조직검사를 하러 갔다. 연세가 지긋하신 의사가 초음파를 여러 번 살피더니 쇄골까지 전이되지 않았다고 조직검사를 하지 않아도 되겠다고 했다. 그날 끝없이 "다행이다"라고 중얼거리는 남편의 목소리를 들었다. 암세포가 다른 장기까지 옮겨갔으면 4기로 분류하는데, 이는 항암을 끝없이 지속해야 한다는 뜻이다. 환우 카페에서 84차까지 항암을 진행하는 경우를 봤다.

5년 가까이 항암제를 맞았다는 뜻이다. 검사하는 내내 병원에 있는 의사들에게 내 가슴을 보여줬다. 처음엔 부끄러움에 여의사를 찾아 헤맸지만, 이제 그런 생각은 간데없이 아무에게나 즉각 가슴을 드러냈다.

유방암은 크게 네 종류로 나뉜다. 조직검사에서 호르몬(에스트로겐, 프로게스테론) 양성과 HER2 양성이 나왔다. 호르몬과 HER2 유전자로 인해 내 몸속의 암이 자란다는 뜻이다. 요즘엔 유방암 연구가 진척되었기에 각 원인에 따른 치료법과 항암제가 많이 나와 있다. 내가 받아야 하는 표준치료는 3주 간격으로 선항암 6차, 수술, 방사선 19회, 후항암 12차로, 총 열네 달 동안 진행됐다. 5년간 호르몬 억제제도 복용해야 한다. 장기전이기에 집에서 가깝고 나와 맞는 병원을 선택하는 게 제일 중요했다. 서울의 큰 병원으로 가는 게 나을지, 거주지와 가까운 병원에서 치료받는 게 나은지에 대해서는 의견이 분분하다. 특히 서울과 먼 지방에 사시는 분들의 고민은 깊다.

결론부터 말하자면, 표준치료는 어느 병원이든 절차가 동일하다. 개인적으로는 집에서 가까운 곳에 다니기에 적당한 병원이 있어서 크게 고민할 필요가 없었다. 암

단계가 초기라면 가까운 병원으로, 3~4기이거나 젊은 환자인 경우(젊을수록 암 진행 속도가 빠르다)에는 큰 병원에서 치료받기를 추천한다. 큰 병원일수록 새로운 항암제에 대한 임상실험이 많고, 부작용에 대한 응급처치가 즉각적으로 진행된다.

내 경우처럼 암세포가 크면 일단 독한 항암제로 사이즈를 줄이고 나서 수술을 진행한다. 이를 '선항암'이라 부른다. 모든 과정 중 항암이 제일 힘들어서 "항암 산을 오른다"고 말한다. 어른들의 항암 치료를 지켜본 적이 있는 나는 어떤 과정인지 이미 알고 있었다. 마음을 단단히, 잘 먹어야 한다. 그래야 항암제로 손상된 정상 세포가 다시 잘 자랄 수 있다.

첫 항암은 네 병의 약을 장기간 맞는 것으로 시작되었다. 슬픈 일은, 몸무게에 따라 항암제 용량이 달라지고, 그 용량에 비례해 비용이 청구된다는 것이다(다른 사람에 비해 비싼 비용을 지불했다). 3주에 한 번씩 항암제를 맞으면 일주일은 몸이 거의 죽음에 가깝다. 그러다 2주째부터 조금 나아졌다가 3주째에는 몸이 회복된다. 첫 항암제를 맞았는데 자신은 부작용이 없는 것 같다고, 남들과 달리 조금은 수월하게 이겨낼지도 모른다는 기대는 절대 금물이다. 어쩜 그렇게 부작용이 정확하게, 순서대로, 빠짐없이 오는지 신기할 지경이었으니까.

항암제를 맞은 후엔 엄청난 종류의 약 꾸러미를 받는다. 부작용 방지약이다. 나는 책에서 이야기하는 항암제 부작용을 빠짐없이 겪었다. 구토, 변비, 설사, 구내염, 코피, 관절통, 어지러움, 불면증 그리고 지금까지 겪고 있는 손발 저림까지. 독한 항암제로 인해 말초신경들이 손상을 받아 밤새 손발이 시리고 저려서 잠을 설친다. 여름에도 수면양말을 신어야 한다. 독성 항암제는 암세포와 함께 새로 생기는 세포들까지 공격하기에 몸속의 모든 점막이 파괴된다. 코와 입안의 점막이 손상되어 구내염이 생기고 코피가 멈추지 않는다. 코피를 많이 흘려서 '피가 부족해져 죽는 건 아닌가' 걱정스러울 지경이었다. 거기에 멈추지 않는 설사와 이후 동반되는 변비로 인해 잘 먹고 잘 싸는 것이 인생에서 얼마나 중요한지 저절로 알게 되었다.

수첩에 첫 항암하고 며칠 후에 어떤 부작용이 오는지 적어두었다. 그래야 그다음 차수 항암에서 주기적으로 오는 통증을 미리미리 준비할 수 있으니까. 증상이 나타나기 전에 부지런히 약을 복용해 예방해야만 한다. 부작용이 나타나면 어떤 약도 무용지물이니 말이다.

이후 무시무시한 우울이 몰려온다. 특히 가족들이 잠든 밤은 환자를 우울하게 만든다. 통증과 남겨진 가족에 대한 걱정으로 눈물이 저절로 난다. 난 원래 우울증과 거리가 멀었고, 조증에 가까운 사람이었다. 그런 나도 투병 중에는 우울해졌다. 끝없는 항암 통증은 '모든 치료를 그만두고 싶다'는 생각까지 들게 했다. 당시에 나는 가족들 앞에서 울지 않았다고 기억하는데, 아이들은 내가 안마 의자 위에 누워 우는 소리를 듣고는 자기들 방에서 같이 울었다고 한다.

불면증도 빠질 수 없다. 환자들에게 새벽은 늘 두려운 대상이다. 하루는 저녁에 잠이 들었다가, 거실의 환한 빛에 아침이 온 줄 알고 깼는데 밤 열한 시였다. 가족들은 잠자리에 들 시간이지만 난 꼬박 홀로 밤을 보내야 한다. 안마 의자에 앉아 음악을 들으며 밤을 지샌다. 왜 이토록 슬픈 노래 가사들이 많은지. 이 때문에 가사가 없는 클래식 음악에 입문했다.

어떻게 해도 막을 수 없는 탈모도 고통스럽다. 첫 번째 항암제 투약 후 2주 안에 머리가 뭉텅뭉텅 빠졌다. 이때쯤 환우들은 머리를 빡빡 밀곤 한다. 마치 영화 〈반지의 제왕〉 속 인물인 골룸처럼 머리카락이 듬성듬성 남는 모습을 마주하기가 힘들기 때문이다(자녀들이 어리다면 더욱 조심해야 한다). 머리는 단번에 빠지지 않는다. 이미 맨머리가 되었어도 머리카락이 빠지는데 이를 "샤프심이 떨어진다"고 표현한다. 이불과 옷 속에 짧은 머리카락이 박혀 따끔따끔 찔러댄다. 인모가발은 몇백만 원이 넘는데, 가격에 비해 만족도는 높지 않다고 한다. 이 때문에 여러 종류의 부분 가발을 사서 쓰는 환우들도 많다.

난 머리를 밀지 않았다. 집에선 비니도 가발도 쓰지 않고 골룸처럼 살았다. 외출 시 모자를 쓰고, 군데군데 남은 머리카락을 모자 밖으로 빼어내어 마치 환자가 아닌 듯 꾸미고 다녔다(그 시절 사진을 보니 내가 암환자인지 누구나 알았을 것이다). 이때 평생 구매했던 모자보다 더 많은 모자를 선물로 받았다. 간혹 모자를 깜박하고 차에서 내렸다가 주위 사람들을 당황스럽게 했던 적도 있었다.

항암 1~2주 차에는 정말 먹는 게 고역이다. 마치 입덧

할 때처럼 모든 음식이 맞지 않는다. 그나마 친구들이 보내준 물김치와 죽들을 간신히 넘겼다. 남편이 매일 지극정성으로 만들어준 셰이크도 효과가 있었다. 셰이크는 평소에 카페에서 선뜻 사 먹지 못하던 고급 음료였다. 이 시기에 남편이 준 고구마 셰이크, 딸기 셰이크, 단호박 셰이크를 마시며 버텼다. 어느 날엔 셰이크의 달인이 된 남편이 삶은 달걀 셰이크를 만들어주었다. 그날 이후 셰이크를 끊었다!

3주차가 되면 그나마 몸이 나아진다. 이때부터 밖으로 나가고 친구들을 만나려고 노력했다. 남편과 산 좋고 물 좋은 곳에 가거나, 친구들과 맛있는 식사를 하거나 수다를 떨었다. 코로나 펜데믹으로 공공장소에 함께 모일 수 없을 때, 친구들과 네 명까지 모일 수 있는 강원도로 가서 식사했던 기억이 난다. 이 시기에는 남편과 아이들도 비교적 자유로웠다. 간병에 힘들었을 남편도 이때부터 술 약속을 잡곤 했다. 그 술자리가 길어져 숙취로 고생하는 남편과 차 안에서 큰 소리로 싸웠던 기억이 있다. 지나고 나니 그 또한 애틋한 기억으로 남아 있다.

수술이 가장 쉬웠어요

남편은 항암 산을 무사히 넘긴 나에게 말했다. "살집이 있어서 암에 걸렸고, 또 살집이 있었기에 항암을 잘 이겨냈다."

틀린 말은 아니었다. 살집이 어느 정도 받쳐주어야 체력도 있을 테니까. 난 잘 버텨내는 편이었다. 내 기억에 난 말랐던 적이 거의 없기에 항암으로 살이 빠지니 몸도 가뿐하고, 옷도 잘 맞아 옷 태도 살아났다(첫째를 낳은 후 잠시 말랐던 적이 있었다). 문제는 어지러움이었다. 머리가 핑 돌아 쓰러지기도 하고, 앉았다 일어날 때마다 한참 무언가를 붙잡고 있어야 했다. 살이 지나치게 빠지는 것도 두려웠다. 주치의는 늘 '지금보다 살이 불면 안 된다. 지방을 분해하는 데 발생하는 여성 호르몬이 암을 자라게 하기 때문이다'라며 체중 조절의 중요성을 말씀하셨다. 한때는 마른 체형을 부러워한 적이 있었는데, 어지러움증이 생기니 살도 적당히 필요하다고 생각이 바뀌었다.

'항암 중 잘 먹어야 한다'는 암 환자의 필수 수칙이다. 그러나 억지로 죽을 먹이고 셰이크 만들어주는 남편과 싸울 정도로 먹기 힘들었다. 이전에 항암을 하던 아빠에게 '이것 좀 드시라'고 권할 때마다 짜증을 내셨던 게 이해되었다. 겪어봐야 알게 되는 것들이 있었다.

항암 5차쯤 되니 꾀가 생겼다. 항암하고 3주째에는 어쨌든 몸이 회복되었기에 5~6차 때부터 먹는 것을 소홀히 했다. 그랬더니 기력이 쇠했고, '수술 못 받는 게 아닌가'라고 걱정할 지경에 이르렀다. 설상가상으로 항암제 부작용으로 손톱이 곪고 빠졌다. 마치 백설공주에게 독사과를 권하던 마귀할멈의 손톱처럼 검게 변했다. '참으면 낫겠지' 하며 치료를 미루던 나를 친구들이 동네의 한 병원으로 끌고 갔다. "더 늦었으면 큰일 날 뻔했지요?"

심각한 표정으로 치료하던 외과의사에게 물었다. 이어진 그의 대답. "많이 늦으셨어요." 데자뷔다! 처음 검사한 유방외과에서 "혹시 심각한가요?"라고 물었을 때, 대답도 "예…"였기 때문에!.

항암 중일 때 문탁 네트워크의 도움을 많이 받았다. 특히 이 병을 미리 거친 바람과 간호사였던 달팽이, 봉옥샘과 어느 병원에 가야 할지, 무엇을 먹어야 하는지, 무엇을 조심해야 하는지, 언제 마음이 아픈지 자주 상의했다. 문탁 네트워크에서 만난 친구들은 병명이 나오지 않았을 때부터 심란한 나와 가족들을 먹일 반찬을 주기적으로 준비해 주었다.

매일 아침, 친구들로 구성된 '문탁 서포터즈'가 메신저로 안부를 물어주었다. 지난밤엔 얼마나 아팠는지, 무엇을 먹었는지, 잠은 잘 잤는지 같은 대화로 나는 하루를 시작했다. "하이. 에브리원!"이라고 보내는 인사는 몸이 조금 나아졌다는 신호였다. 화요일마다 문탁 네트워크 친구들이 직접 만든 도시락을 집으로 가져다 주었다. 물김치, 도미찜, 계란말이, 미역국, 소고기, 닭죽…. 관심과 사랑을 한꺼번에 받았던 경험이 드물다 보니 어떻게 보답해야 할지 걱정이 앞섰다. 그저 그 관심이 행복했다. '선물의 순환'을 배운 사람답게 나도 중간중간 도움이 필요한 친구들에게 내가 받은 사랑을 나눠주었다.

다섯 달에 걸친 긴 항암이 끝났다. 이제 수술을 해야 한다. 수술에서 심각하게 고려하는 '전절제냐, 부분절제냐?'다. 물론 이는 의사가 결정할 사안이고, 나는 전절제일 경우에 가슴을 복원하느냐, 미복원으로 남기느냐만 선택할 수 있다. 의사는 처음부터 전절제를 권했고, 이후 복원은 성형외과와 상담하라고 안내해 주었다.

복원에는 세 종류가 있다. 모두 통증을 유발하고 기간과 돈이 많이 드는 일이었다. 유방암은 전이와 재발이 잦기에 두려움도 컸다. "언제 또 재발되어 수술할지 모르는데 예쁜 가슴을 갖겠다며 복원 수술을 하라니 말도 안 돼! 이 나이에 다시 결혼할 것도 아니고, 가슴 하나 없는 셈 치겠다. 아마조네스의 전사처럼 한쪽 가슴 없이 살겠다!"라고 주장했다. 조심스럽게 복원을 제안하는 이들의 말은 귀에 들어오지 않았다. 복원을 권하는 사람들에게 반박할 자료들만 인터넷으로 찾아냈다.

그러나 인생은 예상대로 진행되지 않는다. 나는 선항

암이 잘된 케이스였고, 수술 전 검사에서 '암세포가 하나도 남아 있지 않다'고 나왔다. 의사는 수술 전날 활짝 웃으며 '부분절제를 해보자'고 했다. 그 의미를 정확히 파악하지 못하고 전절제도 상관없다고 주장하다가 남편에게 한마디 들었다(의사의 마음을 못 읽었다고…). 다시 진료실에 들어가 부분절제로 방향을 틀었다. 수술 시간은 예상보다 길었다. 의사의 도전 의식 덕분에 부분 절제를 하였고, 그 근처에 있는 모든 근육과 조직을 끌어모아 원래 가슴처럼 복원했다(이건 운이 좋은 케이스다). 의사는 인턴들을 데리고 병실에 와서 자랑스럽게 말했다. "잘 봐! 내가 원래 거보다 더 잘 만들었지?"

만약 계속 전절제를 주장했다면? 심한 통증으로 여태 고생하고 있었을 것이다. 한쪽 가슴이 없으면 그 무게만큼 몸의 균형이 틀어져 척추가 휜다. 어깨가 안쪽으로 말려들어 평생 통증을 안고 살아야 한다. 이때 나는 여러 사람의 의견을 유연하게 받아들이는 법을 배웠다. 끝까지 고집부리지 않고 얼른 방향을 수정한 스스로가 기특했다. 그러나 새로 만들어주신 가슴은 봉긋하게 제자리를 지키고 있는데 오른쪽의 원래 가슴은 노화로 처지기 시작했다. 심한 짝짝이가 되었다!

일주일 넘는 입원 기간 동안 누가 환자를 간병할 것인가? 병원에 갈 때마다 느끼는 거지만 요즘에는 아들의 부축을 받거나, 남편과 동행하는 환자들이 많아졌다. 그러나 여자 병실에서 간호하는 남자 보호자들은 원망의 대상이 된다. 밤마다 그들의 코골이 소리 때문에 잠을 못 잤다는 댓글이 많았다. 간병인으로 남편을 데리고 가야 하나, 말아야 하나…. 고민 끝에 남편이 남들 눈치 없이 간병하다가 잠들 수 있도록 1인실을 신청하기로 했다. 돈은 아깝지만 좋은 호텔에서 일주일 보낸다 생각하기로 했다.

입원 수속을 밟는데 1인실이 마감되었단다. 갈 수 있는 곳은 5인실 간호병동(보호자 출입금지)과 하룻밤 150만 원인 VIP 병동뿐이다. 남편이 갑자기 허세를 부리며 돈이 문제냐며 VIP 병동으로 가자고 했다. 그러나 그의 얼굴은 아까부터 웃고 있었다. 지혜로운 나는 일주일치 VIP 병동 입원비를 내 통장에 넣어달라고 했다. 그리고 쓸쓸하게 보호자가 없는 5인실 간호병동으로 갔다. 이제부터 일주일 넘게 혼자 있어야 한다. 통장에 들어온 그 돈이 나의 두려움과 허전함을 달래줄 수 있을까? 충분히 달래주었다!

1,000만 원 중 500만 원은 수술비로 쓰고, 나머지 500만 원은 투병을 하거나 갑자기 형편이 어려워진 친구에게, 기쁜 일이 있을 때마다 보내던 문탁 네트워크 공동지갑 '무진장'에 특별회비로 보냈다. 친구들이 그걸 보고 아주 좋아했다.

방심하면
안 되는

　암 수술 이전에 출산으로, 수술을 두 차례 경험했다. 출산할 때 수술실로 들어가는 침대에 누워 기도했다. '위험한 상황이 온다면 아이를 먼저 구해 주세요.' 누구나 그 상황이라면 그리 기도하지 않을까?

　이번에는 홀로 긴 시간 수술 대기실에 누워 있었다. 간병하는 가족 없이 아침부터 혼자 수술 준비를 하니 잠시 우울해지기도 했다. 루쉰의 『아Q정전』이 생각났다. 형장에 끌려가던 아Q처럼 노래라도 하나 불러야지. "그대 사랑하는 난, 행복한 사람…." 뜬금없이 가수 이문세의

〈나는 행복한 사람〉이 떠올랐다.

　그 순간 항암 때의 모든 고통은 잊고 고마웠던 일들만 기억났다. 특히 친구 남편인 티와이는 머리가 빠지는 나와 같이 머리를 밀겠다고 했고, 매달 근교 여행에 동행해 주었다. 수술받던 병원의 의사인 또 다른 친구 남편은 수술 대기실까지 와서 손을 잡아주고 갔다. 그리고 문탁 네트워크 서포터즈 친구들까지. 그 마음을 잊을 수 없다. 나처럼, 공동체 안에서 투병하는 이가 몇이나 될까? 난 정말 행복한 사람이다.

　간호병동 입원 기간은 예상했던 일주일이 훌쩍 넘어 12일을 보냈다. 간호병동은 간호사가 상주하며 환자들을 돌봐주는 시스템인데 가격은 5인실 입원비에 2만 원만 추가된다. 난 그곳에서 『잠자는 숲속의 공주』 속 주인공처럼 계속 잠만 잤다. 걱정 없이 푹 잔 덕분인지 회복도 빨랐다. 무통 주사 버튼을 한 번도 누르지 않는 내게 간호사는 고통을 잘 못 느끼는 체질이냐고 물었다. 좋은 뜻인가? 너무 무뎌서 암세포가 커질 때까지 못 알아챈 게 아닐까? 나는 평생 내 몸을 사랑하지 못하고 살았나 보다.

보호자 없는 병실에서 긴 날을 지내는 동안 남편과 아이들은 잠시 휴가를 얻었다. 환자가 집에 없다는 것만으로도 가족들은 해방감을 느꼈으리라. 아이들이 메신저로 집을 깨끗하게 치웠다고 알려왔다. 그동안 책장 가득 쌓여 있던 내 책들도 다 버렸다. (나쁜 놈들!) 밤마다 맥주 파티를 했다는 소문도 들려왔다. 수술이 잘된 걸 축하하며, 집이 깨끗해진 것도 축하하며! 내가 없어도 세상은 잘 굴러간다는 걸 다시 한번 확인했다.

　　수술은 잘되었고, 네 가지씩 맞던 항암제도 잘 들었기에 완전관해가 되었다. 완전관해란 암세포의 흔적이 하나도 없다는 뜻, 유방암 환자의 30~40퍼센트가 이에 해당한다. 여기에 속한 것만으로도 축하할 일이었다.

　　수술의 상처가 아물기도 전에 방사선 치료와 12차의 후항암이 시작되었다. 방사선 치료는 병원에 따라, 암 기수나 조사된 방사선의 양에 따라 횟수가 17회에서 30회까지 다양하게 조절된다(나는 19번 받았다). 평일 일정한 시간에 병원에 가서 방사선 기계 안에 누워 2~3분간 받는다. 반짝이는 그 기계 안에 들어설 때마다 우주 공간에 떠 있는 것 같았다. '잠깐 누워 있다가 온다'는 마음으로 시작했던 치료는 차수가 지날수록 피곤해졌다. 만만하게 보면 안 되는 치료였다. 치료 기간 동안 단백질 식단으로 잘 먹어야 했지만 밥맛도 없고, 기력도 없어 종일 누워 있기만 했다.

일주일 후부터 방사선을 쪼인 가슴은 화상을 입어 따끔따끔했다. 화상으로 거뭇거뭇해진 부위에 병원에서 권한 비싼 로션을 발라 매일 보습을 해주어야 한다. 몇 달 후 방사선폐렴이 오는 경우도 있으니 정말 조심해야 한다. 그 기간에 영광스럽게도 최저 몸무게를 찍었다!

방사선 치료와 동시에 3주 간격으로 진행되는 12번의 후항암이 시작되었다. 정신없는 한 달이었다. 그 기간 동안 우리 가족은 전쟁을 겪었다. 3차 대전이었다. 페미니스트인 딸들과 옛 운동권 아빠와의 전쟁은 아이들이 대학에 간 후 연례행사쯤으로 진행되곤 했는데, 몸과 마음이 바닥인 이때 또 터지고 말았다. 암 환자인 엄마를 보는 아이들의 불안과 아내를 바라보는 남편의 불안이 낳은 심리적 대전이었다. 몸과 마음이 모두 힘들었다. 옳고 그름을 떠나 처음으로 남편 편을 들었다. 그러나 늘 그러듯 남편이 논리에서 졌다! 그 대전으로 인해 난 많은 것을 잃고, 남편의 신뢰를 얻었다.

남편은 대학생 시절 어머니의 암 투병 과정을 지켜보았다. 누나가 모든 돌봄 노동을 감당했고, 친아버지와 본인은 남자라는 이유로 돌봄 활동에서 자연스레 제외되었다. 그런 환경에서 자랐음에도 남편은 아이들에게 나를 돌보라고 미루지 않았다. 아이들 일이 아니라 본인의 역할이라고 여겼다.

이 시기를 겪으며 가장 커다란 고민 중 하나는 부모께 이 상황을 알려야 하느냐, 마느냐 하는 문제였다. 부모님 연세가 여든이 넘으셨기에, 내 소식을 듣고 매일 밤 울고 계실 엄마를 상상하기조차 싫었다.

게다가 어른들 위로하는 것까지 아픈 내가 감당해야 한다면? 상상만 해도 고역이다. 그때 코로나 펜데믹을 핑계로 여러 집안 행사에 '참석하지 못한다'며 얼굴을 비추지 않았다. 그러나 〈유품정리사의 기록〉이라는 기사를 보니, '가족에게 알리지 않고 갑자기 죽으면 남은 가족들의 상처가 훨씬 심하다'고 한다. 환자를 챙기지 못했다는 죄책감으로 더 힘들어진다는 것이다. 그래도 난 내 병을 알리고 싶지 않았다!

수술을 마치고 나오는 날, 아빠가 쓰러지셨다는 연락을 받았다. 아빠를 병원에 옮기고 검사하는 정신없는 와중에 부모님은 내 항암과 수술 소식을 알게 되었다. 울고불고할 시간 없이 얼렁뚱땅 넘어갔다. 다행히 아빠는 곧 나으셨지만, 그간 혼자 고생한 나 때문에 엄마는 가슴 아파하셨다. 미리 안 알리길 잘했다!

　후항암은 '표적항암제'라는 신약을 사용하기에 부작용이 적다. 관절통과 기력 없음, 심장에 무리가 오는 정도. 선항암이 안겨준 부작용이 너무나 컸기에 후항암은 '거져 먹기' 같았다. 나는 표적항암제로 퍼셉틴과 허제타라는 두 종류의 주사제를 맞았다. 표적항암제는 암세포만 공격해 제거한다. 유방암 환자 수가 엄청나게 늘어나다 보니 여러 연구 끝에 항암제의 성과가 많이 좋아졌다. 문제는 상용화되기까지 시간이 꽤 든다는 점이다. 보통 암환자는 중증환자 등록을 하면 치료비의 5퍼센트만 지불하면 된다. 반면에 새로운 신약은 비보험이라 한 번 맞을 때 350만 원 정도가 들었다. 치료가 끝나면 7,000만 원 가까이 소요된다. 비싼 비용은 부담이지만 재발률을 6퍼센트대로 낮춰준다는데, 치료를 거부하는 건 힘들다.

만약 수술에서 완전관해가 아니라 암세포가 조금이라도 남아 있었다면 한 번에 700만 원이나 하는 주사 캐싸일라를 맞아야 한다. 그 주사의 경우, 다 맞는 데 거의 1억 원이 넘는다. 돈 때문에 치료를 포기할 정도다. 종종 암환우 카페 커뮤니티에서는 신약에 보험수가를 적용해 달라는 서명을 받거나 시위하는 경우가 있다. 그들의 투쟁 덕에 얼마 전부터 케싸일라가 보험 적용을 받게 되었다. 나 또한 다음 환자들을 위해 연대 서명을 했다.

누구나 암에 걸리는 시대이다. 고가의 치료를 돈 걱정 없이 받을 수 있어야 괜찮은 사회가 아닐까. 그게 인간의 존엄성을 지키는 일이라 생각한다. 이런 고민을 암에 걸리기 전에 해야 하지 않을까. 내 일이 아니라 생각하면 너무 늦으니 말이다.

숙제를 마친 아이처럼

1년이 금방 지나갔다. 힘든 일도 어느새 잊혀진다. 3주마다 진행되는 후항함이 많이 남았고, 12차의 표적 항암과 재활치료를 계속하고 있었다. 나 같은 경우, 수술로 림프절을 마흔 개 넘게 떼어내었다. 림프액은 림프관을 따라 흐르면서 몸의 순환과 균형을 맞추는 일을 한다. 림프액이 잘 흐르지 않아 생기는 부종을 늘 조심해야 한다. 왼손으로는 5킬로그램 넘는 짐을 들면 안 되고, 왼팔에 압박 스타킹을 하고 있어야 되며, 꾸준히 림프 마사지를 해줘야 한다. 림프절이 부어서 팔이 코끼리 다리처럼 되면 다시 큰 수술이 필요하다. 문제는 림프절을 보호한다고 왼팔을 안 썼더니 어느 날 왼쪽 어깨가 굳어버렸다. 게다가 오른쪽 어깨를 많이 쓰다 보니 그쪽에도 문제가 생겼다. 밤마다 어깨가 아파 울면서 잠에서 깼다. 팔이 아파서 운전대 잡기도 힘들었다. 이 때문에 재활의학과까지 들려 도수치료를 받아야 했다.

도수치료는 일주일에 세 번, 하루에 30분씩 받았다. 한 번에 10만 원씩 지불하다 보니 돈이 푹푹 들어갔다. 국가에서 암환자에게 주던 중증 환자 혜택이 여기엔 제공되지 않는다. 첫날 고문 기구판 같은 곳에 매달려서 협착된 근육조직을 뜯어낼 때 '독립투사는 절대 못 하겠다'고 생각했다. 이렇게 신음과 고함을 지르는 고문을 자발적으로 받으러 가야 했다. 물리치료사는 팔 운동을 해야 한다며 매주 숙제를 주었다. 환자 100명 중 단 한 명만 그 숙제를 하고 온단다(난 물론 99명에 속한다). 들어간 돈을 생각하면 운동해야 하는데, 아파서 할 수가 없었다. 게다가 앞으로 호르몬 억제제를 5년 이상 먹어야 한다. 그 약에는 관절이 아프고 골다공증이 생기는 부작용이 있다. 아침에 눈을 뜨면 온 관절이 굳어 있다. 그래서 칼

숨 약을 먹어야 한다. 약을 먹으면 어깨에 석회가 축적되니 조심해야 하고, 그 약 때문에 소화가 안 되니 또 약을 먹어야 하고… 끝없는 반복이다!

한 달 치료비만 120만 원이 넘게 들어갔다. 치료 받은 지 몇 달이 지나자 근육 주사도 맞아야 하는 등 돈이 계속 쓰였다. 출장 가는 남편을 따라 따뜻한 나라에서 마사지를 받으면 회복에 도움이 될까 싶어 코로나 예방접종을 마치고 비행기에 올랐다. 그곳에서 한 달간 한 번에 2만 원인 마사지를 자주 받았다. 그 덕분인지 도수치료를 더 이상 받으러 가지 않아도 되었다.

매일 아침 안부를 물어주던 서포터즈 친구들과 '운동 보고 모임'을 만들었다. 오늘 몇 보를 걸었는지, 어떤 운동을 했는지 매일 메신저에 공유했다. 숙제를 올리지 않으면 친구들에게 종일 구박을 받았다. 공원에서 운동기구로 팔을 움직여주고 적당히 산책을 했다. 그리고 운동하는 사진을 카톡에 올렸다. 어깨가 아픈 사람들을 모아서 '어깨 OK?'라는 모임도 만들었다. 다양한 이름의 오십견 때문에 고생 중인 친구들과 함께했는데, 꽤 오랫동안 모임은 진행되었다.

동네에는 좋은 길이 많았고, 중간중간 운동기구들도 갖추어져 있었다. 처음엔 남편의 부축을 받으며 만나는 의자마다 다 앉아보면서 느리게 걸었다. 코로나로 마스크를 쓰고 걷던 때였는데, 마스크만 없다면 두 시간도 넘게 걸을 수 있을 것 같았다. 걷고 나면 발바닥 통증이 덜 느껴져서 편안하게 잘 수 있었다. 행여 비 소식이 들려오는 날이면 걷지 않아도 된다는 생각에 종일 행복했다. 어느 날 친구인 기린이 '탄천에서 손잡고 걷는 중년 남녀를 보면 이상한 사이로 보인다'고 투덜거렸다. 아마 둘 중 하나가 아파서 부축하고 걷는 건 아닐까, 하고 말해줬다.

　　1년 동안 전국에 걷기 좋은 곳을 찾아다녔다. 둘레길, 잔도길, 저수지길, 탄천길 등을 걸으며 조금씩 체력을 키웠다. 걷기 모임을 넘어 등산 모임까지 구성했다. 근처에 있는데 한 번도 오르지 못했던 광교산, 눈꽃이 예쁘다던 덕유산도 올라보았다. 이 시기에 걸은 길이 평생 걸었던 길보다 훨씬 많았다. 다행이었다, 운동에 약간이나마 취미를 붙이게 된 것이.

　　이제 보험 이야기를 좀 해보자. 전에는 몇십 년간 보험료를 꼬박꼬박 내면서도 보험금을 보상받지 않는 편이 남는 장사라고 생각했다. 그동안 아프지 않았다는 뜻이니까! 그러다가 10여 년 전, 모임에서 보험 해지가 유행했다. '보험이 아닌 공동체가 미래를 책임질 수 있다'라는 믿음 아래 각자의 보험을 정리하기로 했다. 보험회사에 근무하는 친구들의 부탁으로 하나둘 가입했던 보험들을 해지했다. 나와 남편의 보험 또한 하나씩만 남기고 모두 정리했다. 암에 걸리고 난 후, 남겨둔 보험에서 진단비와 치료비가 나왔다. 1년 동안 돈 걱정 없이 치료받을 수 있어 다행이었으나 실손 보험이 있는 환자들이 부러운 건 사실이었다. 그것도 한 달에 몇백만 원의 치료비를! 비용이 보존되니 때로는 과잉 진료가 이루어진다. 그 결과 실손 보험회사의 돈이 뭉텅뭉텅 들어간다. 그 손실은 그다음 실손 보험료 인상 폭탄으로 이어진다. 그럴 수밖에!

　나의 암은 호르몬을 먹고 자라는 녀석이었다. 이 때문에 체중 관리가 제일 중요한 일이 되었다. 살이 찌면 지방이 축적되고 그 안에서 호르몬이 생성되기 때문이다. 알코올 분해 과정에서도 호르몬이 생성되기 때문에 알코올 섭취도 제한해야 한다. 먹거리와 운동에 늘 신경 써야 한다.

이렇게 생활한 지 4년이 다 되어가는 지금의 나를 돌아보았다. 운동 양도 줄었고, 먹거리를 조심하던 태도도 느슨해졌다. 심지어는 여행 중에 맥주를 즐겨 마시기도 했다. 다행히 몸무게는 늘지 않았다. 초심을 잊지 말자고 늘 다짐했는데 이렇게 인간이 간사하다. 걷기 운동만 겨우 하는 나에게 친구들은 근육 운동, 유산소 운동을 권했다. 남편도 집 근처의 헬스장에 가서 같이 운동하자고 했다. 그러나 아직도 걷기 수행 중이다. 마을 한 바퀴를 돌고 오면 7,000보 정도 된다. 그럼 숙제를 마친 아이처럼 설레고 다리도 튼튼해진다. 걸으면서 남편과 나누는 대화도 좋다. 회사, 문탁 네트워크, 아이들, 작은 소망들, 정치… 이런 즐거움도 암 투병 후에 생긴 좋은 습관 중 하나다.

환우 커뮤니티엔 별별 사연들이 다 올라온다. 투병 중인 며느리에게 명절 일 시키는 시댁 식구, 아내를 잃고 아이들을 키우는 남편의 사연, 어머니를 잃은 아들의 사연, 투병 과정부터 같이했던 환자들과 보호자들은 서로를 위로하며 토닥여준다. 남편의 무심함에 대한 토로, 빚을 갚게 암 진단금을 내놓으라고 하는 남편, 성생활 횟

수가 줄었다고 섭섭해하는 남편, 바람 피우는 남편, 아이들 돌봄을 팽개치고 술 마시러 나가는 남편….

별별 사람이 다 있었다. 그에 비해 내 남편은? 모든 치료과정에 동행했고, 투병 중 나의 모든 짜증을 다 받아줬으며, 세계 제일의 쉐이크 장인이 되었다. 퇴원 후 우울해하는 나를 위해 방방곡곡 걸을 수 있는 길을 조사하고 안내, 심지어 항암 중 나의 목욕이나 발 씻기기도 마다하지 않았다. 딸들이 맡을 수 있었던 돌봄 노동을 온전히 맡았다.

힘들 때 일상을 같이 할 수 있는 동지를 가진 나는 행복하게 그 시간을 지나왔다.

노래 가사처럼
살 수 있을까

 몇 년 전부터 파지사유 2층에 아주 예민한 부부가 살고 있다. 재택근무를 하는 그들은 파지사유에서 들리는 의자 끄는 소리, 가죽 망치 소리에도 힘들어하고 매일 항의 방문을 했다. 그런데 요즘 몇 달 오지 않는 게 아닌가. 알고 보니 임신했다고 한다. 그분들이 더 이상 오지 않는 이유는 아마도 '삼가는 마음'이 생겼기 때문이 아닐까. 사람이 겸손해질 때가 아이를 갖고 키울 때, 그리고 암환자가 중간검사를 기다릴 때인 것 같다.

 반년에 한 번씩 종일 온갖 검사를 한다. 피검사, 엑스레이 검사는 기본이고, 원단 폭격 자세로 엎드려 두 가슴을 찍는 MRI 검사, 골밀도 측정, 뼈 스캔, CT 가슴 검사, 복부 골반 검사…. 검사할 때의 물리적 고통보다 어떤 결과가 나올지 기다리는 게 더 두렵다. 한 달 전부터 신경이 예민해지고 모든 걸 반성하게 된다. 아이스크림을 왜 먹었을까? 운동을 왜 빼먹었을까? 요즘 고기를 많이 먹은 게 아닐까? 채소를 더 골고루 먹었어야 하는데. 흰쌀밥을 자주 먹었나? 등등 반성할 일뿐이다. 심지어는 누구를 미워했던 거까지 반성하게 한다.

중간검사에서 아무 이상 없다는 결과가 나오면 온 세상을 얻은 듯 기쁘다. 다시 여섯 달간 새 생명을 얻은 것이다. 환우 카페에 반년, 1년, 3년, 5년 검진 통과했다는 글들에는 수십 개의 댓글이 달린다. 좋은 기운을 함께 나누려는 것이다. 글쓴이의 게시물을 검색하고 나와 비슷한 병력을 확인하면 안심이 된다. 나만 잘하면 이런 글을 쓸 수 있어! 5년, 10년 뒤에 꼭 써야지!

다른 암과 달리 유방암은 '5년간 재발하지 않으면 완치'라는 개념이 없다. 그래서 꼬리가 긴 암이라는 별명이 있다. 특히 3년 이내 재발할 가능성에 대해 의사가 거듭 강조하기에 중간검사는 늘 두렵다. 그렇게 나는 당분간 아니, 아마도 평생 암과 함께하는 삶을 살아야 할 것이다.

처음 투병할 때는 '지금 죽어도 그리 억울하지 않다'고 생각했다. 그 무렵 불교 공부를 했던 것도 큰 도움이 되었다. 남겨진 사람들을 위해 쌓아둔 짐을 버리고, 정리하고 가야 할 여러 일들을 생각했다. 애들은 어느 정도 컸으니 큰 걱정은 없었지만 홀로 남겨질 남편이 걱정스러웠다. 진지하게 "내가 없더라도 재혼하지 말고 연애만 하고 살아"라고 했더니 "나중에 내가 결정할게"라는 말로 내 입을 막았다. 병간호를 도맡는 그를 보며 '아마 반대 상황이라면 똑같이 하지 못했을 것 같다'고 생각했다. 그 시절 남편은 엄청 마르고 얼굴이 상해 있었는데, 그때는 남편의 얼굴을 살필 여력이 없었다. 항암을 마친 날, 남편에게 건강검진권을 선물했다.

'몸의 일기'를 집필해달라는 권유를 받았을 때 투병 과정에서 느낀 바를 글로 정리해 보려 했다. 처음 진단받았을 때 마음이 어떠했는지, 어떤 마음가짐으로 항암에 임했는지. 무엇이 가장 힘들었는지, 투병하는 과정에서 무엇을 배웠는지, 의연해졌는지까지.

마지막 글을 쓰고 있는 지금도 난 여전히 불안하고, 우울하고, 두려우며 항암 후유증에 잠 못 들기도 한다. 거의 4년 전 요맘때 암 진단을 받았고, 남편과 함께 병원을 쫓아다녔고, 최선의 방안을 찾으려 여러 사람과 상의했다. 누구에게나 올 수 있는 큰 시련을 한 번 겪은 것이라 생각했다. 그리고 긍정적인 성격 덕에 잘 이겨냈다고 자찬했다.

또 이런 일이 생길지도 모른다. 고통을 겪어봤기에 다음 치료에서 내가 어떻게 변할지 잘 모르겠다. 또다시 최선의 방안을 찾으려 가족과 친구들과 상의할 것이다.

최근에 친한 친구가 유방암 진단을 받았다. 나의 투병 과정을 같이 나누며 위로해 줬던 간호사 친구였다. 그 친구는 2년 전 검사에서는 이상 없었는데 이번 검사에서 양쪽 가슴에 작은 암 조직이 발견되었다고 속상해했다. 나의 항암 과정을 지켜봤기에 얼마나 힘든지, 아픈지 충분히 예측하고 있었다. 어떤 조언을 해줄까?

"야! 빨리 눈썹 문신해! 항암 들어가면 눈썹이 제일 늦게 빠지고, 제일 늦게 자란다고. 난 4년이 지난 지금도 눈썹이 덜 자라서 얼굴이 이상해."

미리부터 쫄지 말고 주치의가 권하는 대로 검사 받고 따라가면 된다고, 별것 아니라고, 견뎌 낼 수 있다고, 지금 가장 몸이 멀쩡할 때이니 가족, 친구와 좋은 시간 많이 보내라고. 앞으로 몇 년간 만날 수 없을지도 모르니까. 그리고 투병 초기에 썼던 일기를 보내주었다. 나는 친구의 검사가 있을 때마다 전화하고 위로했다.

친구들과 열네 달간의 항암 쫑파티를 하였다. 친구들이 준비한 케이크와 다과, 꽃다발이 있었고, 눈물 쏟게 만드는 친구들의 편지 낭독이 있었다.

"세상이 원망스럽고 어떤 말도 위안이 되지 않고 사람도 만나기 싫지 않았을까. 노라에게도 그런 시간이 있었겠지만, 금세 훌훌 털고 일어나 오히려 우리를 안심시켜주었죠. 다른 이가 아닌 자기가 아픈 게 다행이라고 말하는 이 친구한테 놀랄 수밖에 없었습니다. 선항암, 수술, 후항암 치료 계획이 나오고, 친구들이 어떻게 하면 노라를 응원할 수 있을까, 치료받는 동안 어떤 도움을 줄 수 있을까 고민하기 시작하더군요. 지난 1년, 노라의 항암 일정은 노라만의 일이 아니라 우리가 함께 겪는 일이 되었습니다. 거듭되는 치료에 입맛도 잃고 음식도 못 넘기고 통증 속에 불면의 밤을 지새우는 날들이 노라에게 찾아왔습니다. 그런 와중에도 걱정하는 우리를 오히려 위로해 주고 먹을 것을 챙겨주고 심지어 환우 카페 유머까지 들려주며 웃게 만들었죠.

불면의 시간을 문탁 네트워크 일을 숙고하는 데 보냈는지 월든 마니 활동, 자누리 영업, 복작복작일, 선생님들 회갑 파티 등등 생각지도 못한 다방면에 마음을 쓰기 시작했습니다…."

'봄날'과 친구들이 노래도 불러주었다. "나의 작은 지혜로는 알 수가 없네. 내가 아는 건 살아가는 방법뿐이야. 보다 많은 실패와 고뇌의 시간이 비켜 갈 수 없다는 걸 우린 깨달았네."

조용필의 〈바람의 노래〉다. 어쩜 이렇게 훌륭한 가사에 지혜가 담겨 있을까? 노래 가사처럼 살 수 있을까?

또 중간 검사가 있다. 난 아마 그때까지 정말 세상 겸손한 자로서 주변을 살피고, 걷기 운동을 하며, 먹거리를 소중히 여기며 살고 있을 것이다. 요즘 들어 친구들과 가까이 살면서 늙어가야겠다는 생각을 종종 한다. 공동체

속에서 서로 돌보는 좋은 경험을 할 수 있었던 것에 감사하며 "이 세상 모든 것들을 사랑하는" 삶을 꿈꾼다.

힘들 때 일상을 같이 할 수 있는 동지를 가진 나는
행복하게 그 시간을 지나왔다.

어디까지가 나일까

이유하

항상 새로운 것을 배우기 위해 노력한다. 쓸모없고, 특이하고, 귀여운 것들을 좋아한다. 아이를 키우며 책을 읽고, '글쓰는 사람'으로 남고 싶다.

몸무게의
무게

 예쁘다는 생각을 해본 적이 없다. 아니, 뭐 얼굴은 그럭저럭 봐줄 만할 수도 있지만 몸은 엉망진창이라고 생각했다. 안 그래도 별로 마음에 들지 않았던 몸은, 나이가 들자 더 볼품없이 변해버렸다.

 158센티미터에 54킬로그램인 내 몸은 전체적으로 작고 통통하다. 어깨너비는 표준이고, 뼈대는 얇아 상대적으로 팔목과 발목이 가늘다. 전형적으로 근육 없이 말랑말랑한 몸이다. 얼굴은 동그랗고 턱은 약간 각져 있다. 머리카락은 얇은 편, 길이는 날개뼈를 지날 만큼 길며 파

마머리다. 웜톤인 피부에 주근깨와 기미가 섞여 있다. 이마는 넓다. 눈은 크고 원래는 쌍꺼풀이 없지만, 작년부터 오른쪽에 쌍꺼풀이 생겼다가 사라지곤 한다. 코는 높은 편에 매부리코다. 입은 작고, 삼각형 모양의 새 부리처럼 뾰족하다. 가슴은 85A. 상체가 짧고, 다리는 길며 엉덩이는 큰 편이다.

초등학교 때부터 뱃살이 통통했고, 종아리가 굵다. 발 치수는 225밀리미터이나 운동화는 보통 230밀리미터를 신는다. 골반은 약간 틀어졌고, 그에 따라 척추뼈도 휘었다. 근육 없이 통통한, 쓸데없이 뼈대만 약한 몸. 비실비실하고, 병뚜껑 하나 제대로 따지 못하고, 쉽게 지치고, 잘 걷지도 못하고, 뱃살은 너무 많고, 아이를 낳고 나서 가슴도 처진 몸.

20대 시절에도 스스로 뚱뚱하다고 생각했다. 건강검진 결과 '저체중'이었는데도 말이다. 그럼에도 다이어트할 생각은 없었기에 그저 몸에 만족하지 못하는 상태로 살아왔다. 왜 그랬을까. '되고 싶은 몸'에 대한 환상이 있었던 걸까. 사실 날씬하고 길쭉길쭉한, '슬렌더'한 몸을 좋아한다. 배우 티모시 샬라메처럼 엄청나게 마른 몸, 중성적인 몸을 좋아하는데, 이런 몸들이 기준이었으니 스스로가 뚱뚱하게 보일 수밖에.

　적당한 몸무게가 궁금했다. 인터넷에 '적당한 몸무게'라고 치니 표준체중 구하는 법이 나온다. (키-100)*0.9. 내 키 158센티미터를 대입하면 52.2킬로그램이 나온다. '옷발 잘 받는 체중'이라는 수치도 있다. 표준체중보다 5~6킬로그램 적다. 현실과 동떨어진, 다다를 수 없는 수치에 '되고 싶은 몸'이 있다.

　지금보다 말랐던 시절에는 행복했을까. '옷발 잘 받는 체중'에 근접했던 그때, 건강은 대단히 나빴다. 갑상선 수치가 경계치에 다다라서 주기적으로 검사를 받고 있었고, 과민성 대장증후군 때문에 조금만 무리하거나 긴장하면 화장실로 달려가야 했다. 우울했으며, '마른 비만'이라 체지방률도 높았다. 정말 그 시절로 돌아가고 싶은 걸까.

　'적정'이라는 게 있을까? 지금보다 살이 쪘을 때는 몸도 무겁고, 작아진 옷 때문에 우울해했다. 살이 올라 넙죽해진 얼굴은 아무래도 좋아하기 힘들었다. 그때보다 몸무게가 줄어든 지금은 어떨까. 그럼에도 1~2킬로그램은 더 줄어들면 좋겠다. 늘 이런 식이다. 내 몸이 어떤 상태여도 불만족스럽다. 다시 말해 몸을 향한 바람은 결코 도달할 수 없는 환상 같은 것이다.

다시 몸을 본다. 한 번도 작은 키가 싫지 않았다. 키가 작아도 뼈가 얇고 발이 작으니 이 정도면 전체적으로 조화로운 몸 아닌가. 상체는 짧지만 상대적으로 다리는 길다. 굵은 종아리도 어쩌면 얇은 뼈대를 지탱하기 위해서 발달한 것일지도 모른다. 종아리가 얇았다면 걸어 다니기가 더 힘들었겠지.

별다른 특징 없는, 조금 흐릿하게 생긴 얼굴이 좋다. 특히 쌍꺼풀 없이 길고 풀려 있는 듯한 눈이 밋밋한 얼굴에 독특한 인상을 준다고 생각한다. 어릴 땐 사각턱인 것이 싫었고, 이 때문에 턱 보톡스도 몇 번 맞았지만 지금은 마음에 든다. 얼굴에 단단함을 주고, 살짝 어려 보이는 것도 같다. 가슴과 엉덩이는 출산 후에 커졌는데, 그만큼 근육도 늘어난 듯하다. 몸 치수를 줄이는 게 아닌, 근육을 만들어내는 것이 필요하다. 몸을 본다. 이대로도 괜찮은, 내 몸을 본다.

내 작은
근종에게

작년 가을, 미루고 미뤄왔던 건강검진을 했다. 두세 시간 동안 불러 다니고, 여기저기 찔리다가, 허기진 몸으로 두유 한 팩을 받아 나오는 그런 검진 말이다. 내 몸은 튼튼한 편이 아니다. 환절기마다 감기에 걸리고, 손발이 차고, 소화가 잘되지 않는다. 하지만 살아오면서 크게 아파 입원한 적은 없었다. '피곤하면 잠이나 자자'라고 생각했지, 몸에 대해 걱정해 본 적은 없었다.

 몇 주 뒤에 날아온 종합검진 결과는 참담했다. 맨 앞, 종합 판정 소견에 '질환 리스트'가 11번까지 있었다. 자궁에는 작은 근종이 두 개나 있고, 유방도 치밀 유방으로서 추적 관리를 요하며, 위내시경 결과, 내벽이 얇아졌으며, 헬리코박터균도 검출되었다고 한다. 심지어 비타민D도 부족하다고 나왔다.

건강할 때는 몸을 잊고 산다. 이상이 생긴 뒤에야 비로소 몸을 의식한다. 헬리코박터균이 살고 있어서 쿡쿡 쑤시는 위도, 과로로 열이 뻗치는 간도, 손등에 생겨난 이상하고도 간지러운 알레르기도 검진 결과를 받고 나서 알아차렸다. 늘 더부룩하다고 여겼던 위는, 검진 결과를 받자마자 신기하게도 몹시 나빠졌다. 원래 이렇게 안 좋았나, 결과를 듣고 평소보다 과민해진 것일까?

가장 스트레스를 받았던 부위는 손등의 붉은 반점이었다. 눈에 보이는 질병이 얼마나 고통스러운 것인가 생각하게 될 정도였다. 하루가 다르게 붉어지고 물집이 올라온 오른쪽 손등을 보니 짜증이 몰려왔다. 그것은 나을 듯하다가 조금만 피곤하면 다시 번져 나를 괴롭혔다. 써먹을 줄만 알았지 살펴볼 생각조차 하지 않았던 몸이, 마흔을 넘기자 존재를 드러내기 시작했다. 삐걱삐걱 소리를 내며.

자궁은 어떤 의미일까. 학창 시절엔 지독한 월경통에 시달렸다. 특히 첫날, 자궁 내벽이 허물어지는 그때마다 고통이 극심했다. 빈혈도 있어 어지럽고 아픈 배 때문에 일어나 앉을 수 없었다. 월경혈 양은 또 얼마나 많았는지, 한 번에 왈칵 쏟아져나오는 바람에 매번 교복 치마를 버려 체육복으로 갈아입곤 했다. 그날이 되면 양호실에 누워 있거나, 결국 조퇴를 했다. 타이레놀도 한두 알 삼켰다. 약을 먹고 누우면 약 기운이 번지면서 고통은 안개 속에 묻힌다. 아픔이 잠잠해지면 살포시 잠이 온다. 그렇게 그달의 고통이 끝나는 것이었다.

생리를 조절하기 위해 피임약을 사용하기도 했지만 이도 쉽지 않았다. 호르몬에 예민한 탓인지 약을 먹으면 견딜 수 없이 메스껍고 불쾌해졌다. 피임약을 먹고 여행에 갔다가 구역질을 참지 못하고, 월경을 하기로 택한 적도 있다. 살아오는 내내 자궁은 귀찮고 성가신 존재였다. 밑이 빠질 듯한 월경통의 느낌과 무거워지는 몸과 예민해지는 정신, 여름이면 비릿한 냄새까지. 모든 것이 완벽하게 고통스러웠다.

결혼하고 아이를 가질 마음이 생겼을 때에는 잠시

이 귀찮은 자궁에 엄청난 가치를 부여했다. 그 시절의 나는 음식도 가려 먹고 계면활성제 없는 샴푸를 쓰는 등 자궁에 좋지 않다는 모든 것을 끊고 임신을 준비했다. 그리고 소중한 아이가 생겼을 때, 조금씩 내 몸에서 자라나는 존재를 느꼈다. 나중에는 아이가 발로 퉁퉁 차서 배가 올록볼록 움직이기도 했다. 상체가 작은 편이라 자궁이 위와 폐까지 올라왔다. 숨쉬기 힘들고, 소화도 안 되고, 배가 당겨 걷기 힘들었다. 하지만 자궁 안에 작은 아이가 살아 있는 느낌, 그 심장박동이 생소하고 신기해서 매일 배를 들여다봤다.

그 시절은 금세 지나갔고, 나의 자궁은 잊혀져 갔다. 출산 후 월경통이 사라지고 나이가 들면서 생리량이 줄어든 것도 한몫했다. 더는 엄청나게 성가시진 않았던 것이다. 대신에 1.2센티미터의 작은 근종이 생겼다. 내버려두면 더 커질 수도, 개수가 많아질 수도 있는 덩어리가 내 안에 존재한다. 마치 '날 잊은 건 아니겠지?'라고 말하는 것처럼.

가을과 겨울이 끝나고 다시 봄이 다가오는 시점이 되니 그때의 고통은 많이 사그라들었다. 약을 챙겨 먹고,

영양제를 한 움큼 들이켜고, 몸을 챙겼다. 생활도 점검했다. 아이를 키우고, 집안일과 하고 싶은 공부를 하고, 집 근처 약국에서 아르바이트를 하고, 가족 행사에 불려가는 나날들이었다. 그 가운데 줄일 수 있는 건 줄여나갔다. 약국 근무를 사흘에서 이틀로 줄이고, 가능한 만큼만 공부 계획을 세우고, 사춘기 아이가 혼자 알아서 하도록 내버려두었다. 그럼에도 여전히 매일 허덕이고, 무언가 놓친 게 없는지 불안하고 초조하다.

그럴 때마다 내 작은 근종들을 생각한다. "나 여기 아직 있어요. 조금만 더 조심해 줄래요?"라고 말하는 근종들을.

나의
작은 목표

초등학교 체력장 시간이었다. 오래 매달리기, 윗몸일으키기, 멀리뛰기, 100미터 달리기, 오래달리기 등의 체력 측정 릴레이. 그날만 되면 긴장감에 위가 뒤틀릴 지경이었다. 오래 매달리기는 고작 1초, 윗몸일으키기는 아무리 노력해도 열 개를 넘지 못하는, 운동에 젬병인 나. 달릴 때마다 뒤에서 누가 잡아당기는 것처럼 한없이 쳐지는 느낌을 남들은 알까. 마음은 반 발짝 앞에 있는데, 몸뚱이는 따라오지 못한다. 가진 능력을 총동원해도 초등학교 시절 내내 체력장 결과는 5급이었다. 그러니까 나는 어린 시절부터 운동을 '못' 한다고 생각하면서 살아왔다.

 분명 멀리뛰기와 오래달리기는 상대적으로 나았지만 이 능력을 발휘할 기회는 없었다. 체육 시간에는 주로 피구를 했는데, 간이 작고 엉덩이가 무거운 사람에겐 맞지 않는 운동이다. 피구에서는 공을 받는 능력이 가장 중요하다. 받지 못하면 공격도, 수비도 할 수 없다. 그저 피하고 피하다가 결국에는 아웃되는 구조다. 하지만 정작 공이 정면으로 날아오면 혼비백산하며 도망가기 일쑤였다. 피구에 소질을 보이는 멋진 친구들을 보면서, 늘 저 멀리 도망간 공을 주우러 갔다. 그러다 보니 운동에 자신감이 생길 수 없었다.

 어린 시절, 부모님은 맞벌이를 하셨고, 남들이 놀 때 가장 바쁜 자영업자였기 때문에 휴일이어도 우리 가족은 놀러 가지 못했다. 이러한 이유로 운동에 도전은커녕 제대로 접하지도 못한 채 자랐다. 그 덕에 자전거도 못 타고, 수영도 못 하고, 인라인스케이트도 못 타고, 그 어떤 구기 종목도 할 줄 모르고, 스키나 보드는 말할 것도 없고, 심지어 운전도 잘 못 한다(나에게는 운전도 운동의 영역이다. 순발력, 공감각 능력, 조작 능력까지 필수기 때문이다).

운전하면서 가장 어려운 건 액셀과 브레이크도 아니고, 변속도 아니다. 그럼 뭐냐고? 50미터 앞에도 길이 있고, 100미터 앞에도 길이 있는 도로를 달린다고 치자. 네비게이션이 100미터 뒤에서 우회전하라고 했다면, 순간적으로 거리 가늠이 안 된다. 차로는 금방 지나가 버리는 거리니, 우왕좌왕하다 늘 조금 앞서서 빠지고 말았다. 성격이 급한 탓이다. 다 왔는데 우회전을 잘못해서 다시 출발한 곳으로 돌아가는 느낌. 정말 내가 너무 어리석고, 싫고, 슬퍼지는 순간이다. 그래서 출발 전, 네비게이션으로 길을 훑어본다. 운전대를 잡기도 전에 진이 다 빠져버린다!

어찌어찌 도착했다고 하더라도 가장 큰 난관이 기다리고 있다. 바로 주차! 모든 초보 운전자들이 두려워하는 그 주차 공포를 피해가지 못했다. 앞으로 뒤로 앞으로 뒤로 하다가, 나도 모르게 기둥과 기둥 사이에 일자로 끼여버린 순간! 와 어떻게 그렇게 될 수 있지? 너무 당황해서 손톱만 물어뜯고 있는데, 어디선가 중년의 남성이 나타났다(아마도 몇 분 전부터 나를 지켜보고 있었을지도). "더, 더, 조금 더 오세요. 화끈하게 와. 괜찮아. 뒤로, 옳지. 그렇게." 귀인의 등장! 너무나 고마운 존재다. 가끔은 낯짝 두껍게 부탁하기도 했다. "진짜 너무 죄송한데요. 직접 해주시면 안 될까요?"

사력을 다했지만, 운전은 점점 더 어려운 일이 되어 갔다. 그러는 와중에 사고를 세 번이나 냈다. 혼자 주차하다가 그대로 기둥을 박아서 앞 범퍼를 박살 내면서 한 번. 우회전하다가 타이어를 터트리고, 휠까지 휘어 먹으면서 두 번. 주차장에서 다른 차 범퍼를 살짝 긁어먹음으로써 세 번. 보험회사와 몇 번 통화하고 나자, 용기가 완전히 사라졌다. 그렇게 나의 운전은 영원히 봉인되었다.

한 번도 제대로 쓰이지 못한 몸은 생애 내내 영향을 미쳤다. 어쩌면 대충대충 적당히 살려는 나의 태도는 내 몸의 한계를 경험해 본 적이 없어서 나오는 걸까. '나는 이런 일, 못 할 것 같아.' 미리 한계치를 설정했는지도 모르겠다.

어떻게 해야 '잘하는 사람'이 될 수 있을까? 일단 운동에 익숙하지 않으니 평범한 종목부터 시작해야 할 거 같다. 남들 따라 요가, 필라테스, 훌라, 헬스 등 이런저런 운동에 도전해 보았다. 하지만 큰돈 들여서 거창하게 시작했음에도 별다른 성과를 내지 못했다. 실패할 때마다 '역시 운동을 못 하는 사람'이라는 인상만 깊어졌다. 그래선 안 된다. 이제는 정말 작은 목표부터 시작해야 할 거 같다.

첫 번째 목표는 매일 스쿼트 100개 하기. 꾸준히 하는 운동이 생기면 '해냈다'는 느낌을 받을 수 있을 것이다. 다만 한 가지만 하면 중간에 포기할지도 모르니 여러 운동을 생각해 봤다. 집에 수년간 방치되어 있던 실내 자전거를 30분 동안 타기. 생각날 때마다 아파트 계단 오르기. 따뜻해지면 밖에서 걷기. 이것들 가운데 하나만 해도 '운동하는 인간'이라는 감각을 길러가기로 했다.

거창한 목표나 근육량 증량이 아니라 그냥 '운동하는 사람'이 되는 것, 그것이 나의 작은 목표다.

다한증 있는 인간의
고단한 하루

다한증이 있다. 다한증이란 신체의 특정 부위에 땀이 과도하게 나는 것을 말한다. 나의 경우에는 자꾸 신발에서 미끄러지기 때문에 맨발로 슬리퍼를 신지 못할 정도로 손발에 엄청나게 많은 땀이 난다. 빨리 걷다 보면 신발이 벗겨져 뒤꿈치가 땅에 닿고 발이 엉망진창이 된다. 더운 여름에 더 심해지는데, 버스 손잡이를 잡은 손에서 땀이 주르륵 팔을 따라 흘러내리기도 한다. 이 정도면 물 부족 국가에 적합한 인재라고 할 수 있을까. 수분을 자가 생성하니까 말이다.

학창 시절에 시험을 칠 때, OMR 카드에 마킹한 컴퓨터 펜 자국이 번져 곤란한 경우가 많았다. 이를 방지하느라 항상 답안지 위에 손수건을 깔고 있었고, 덕분에 시험지는 언제나 쭈글쭈글했다.

한번은 이런 일도 있었다. 열여덟 살, 처음으로 주민등록증을 발급받으러 갔다. 나름대로 신경 써서 찍은 증명사진을 들고 쫄래쫄래 동사무소로 갔다. 여름이었고, 매우 더웠던 기억이 난다. 사진을 제출하고, 종이에 개인정보를 작성하고…. 여기까지는 순조로웠다. 문제는 지문 등록 과정이었다. 열 손가락의 지문을 종이에 남겨야 하는데, 손에 나는 땀 때문에 지문이 찍히지 않았던 것이다. 이를 가만히 바라보던 동사무소 직원이 말했다. "선풍기 앞에 가서 손 말리고 오세요." 혼자 선풍기 앞에 서서 두 손을 개구리처럼 펼치고 땀을 말렸다. 사춘기 여고생이 감당하기엔 치욕적인 순간이었다. 어떻게든 모면하고 싶었지만 그럴수록 땀은 더 나고, 이 때문에 당황해서 땀이 더 나고…. 그래서 한 손가락 지문을 등록하고 선풍기에 손을 말리고, 다시 다른 한 손가락의 지문을 등록하고 선풍기에 말리기를 열 번 반복해, 정성껏 지문 등록을 마쳤다. 문제는 그렇게 열심히 등록했건만, 여전히 무인 민원기는 내 지문을 인식하지 못하고 번번이 실패한다. 나의 손가락, 나야. 나라고! 왜 믿지를 못하니?

다한증은 교감신경계 이상으로 필요한 양보다 땀이 더 많이 나는 것이다. 여기에는 정서적 영향도 포함된다. 긴장하거나 땀에 대해 의식하기 시작하면 걷잡을 수 없이 땀이 폭발한다. 학창 시절에는 이런 내 몸이 부끄러워 땀으로 흠뻑 젖은 손을 숨기고, 남들과 악수도 꺼렸다.

고치기 위해서 여러 가지 방법을 시도해 봤다. 먼저 가장 확실하고 효과가 빠른 방법은 땀이 나는 부위에 약물을 바르는 것이다. 롤 형태로 된 그 제품을 겨드랑이와 손에 사용해 봤는데, 정말로 땀이 줄어들었다. 하지만 그 약품 특유의 느낌, 피부 표면에 얇은 막이 씌워진 느낌이라 살이 다른 사람의 피부인 것만 같다. 온몸의 수분을 줄이는 건지 몰라도 자꾸 입이 마르는 부작용도 있었다. 제모 후에 바르면 피부가 따끔거리면서, 붉게 올라오기도 했다. 여름에만 비정기적으로 사용하다 결국엔 완전히 끊었다.

두 번째 방법으로 한의원을 찾아갔다. 한의사는 나

의 손을 촉진하고 여기저기 맥을 잡더니 "고칠 수 없다"라고 이야기했다. 혹시라도 땀 억제 시술을 받지 말라고, 손발바닥의 땀을 억제하려다가 무릎이나 인중 같은 다른 곳에서 땀이 나는 부작용이 생길 수도 있다고 말했다. 헉, 그건 곤란하지. 불치병 진단을 받고 돌아오는 길, 오히려 마음이 편했다. 어찌하겠는가. 태어난 대로 살아야지.

그날부터 땀과 공존하기로 했고, 점차 익숙해졌다. 이제는 손에 땀이 나고 있음을 별로 인식하지 못한다. 가끔 곤란할 때가 있긴 하다. 예컨대 바느질하는데 바늘이 손에서 미끄러질 때. 그럴 땐 해결책이 있다. 약국에서 파는 '손가락 골무'를 끼거나 목장갑을 사용하면 된다.

땀에 대한 글을 쓰고 있는 지금도 손바닥이 촉촉해진다. 언젠가 다한증으로 노트북 키보드가 침수된 적이 있었다. 수리기사는 키보드에 물을 쏟았냐고, 침수의 흔적이라고 했다. 조용히 손을 들어서 내 손바닥을 보여주었다. 그분의 놀라던 모습이 잊히지 않는다.

이런 이유로 손잡는 걸 별로 좋아하지 않는데, 다행히(?) 아들도 다한증이라 둘이 손을 잡고 잘 다닌다. 이

것만은 물려주고 싶지 않았는데. 패드나 휴대전화 등을 사용할 때 끈적한 손 때문에 만지는 것마다 자국이 남고 더러워지는데, 정작 아들은 신경 쓰지 않는 것 같다. 옆에서 뿌옇게 흐려진 화면을 보다 보면, 무던한 녀석이라 다행이지 싶다. 과자 봉투를 뜯을 때 "왜 내 손은 땀이 이렇게 많이 나?"라며 짜증을 낼 때도 있지만.

아들아, 엄마가 미안해. 넌 평생 스스로 어찌할 수 없는 손발의 땀과 함께할 거란다. 디지털 시대에 사니까 더 고생이 많겠구나. 패드가 터치 안 된다고 화내지 말고, 그럴 땐 허벅지에 손바닥을 비비고 다시 시도해봐. 여름 샌들은 꼭 뒤에 찍찍이가 있는 제품으로 사도록 해. 나중에 애인이 손잡다가 놀랄지도 모르니까 잡기 전에 미리 말해두렴. 어쩌면 "너 때문에 긴장해서 더 땀이 많이 난다"고 말하면 좋아할지도 몰라. 적어둬.

서로 다른 몸,
서로 다른 공포

20대 시절, 몇 번 만난 연하 남자가 있었다. 지금은 이름도 희미하지만 키가 크고 얼굴이 까만 편인, 남자다운 스타일이었던 건 기억난다. 그와 5호선 지하철역의 굉장히 긴 에스컬레이터를 타고 내려갔다. 그때 약간 어지러워서 에스컬레이터 손잡이를 꽉 잡고 있었다. 갑자기 뒤에 있던 그가 앞으로 자리를 바꾸면서 시야를 가려주었다.

"누나, 고소공포증 있으시다면서요?"

한 번은 이런 적도 있었다. 고등학교 자습 시간에 일어난 일이다. 앞에는 변태 체육 교사가 앉아 있고, 나는 책상에 앉아 무언가를 외우고 있었다. 그때 손을 베었는데, 순간 손가락에 흐르는 피를 보고 있다가 그대로 자리에서 쓰러졌다. 쿵. 큰 소리가 들리고, 차가운 바닥에 누운 나는 마음속으로 소리쳤다. '악! 선생님, 오지 마세요!' 저벅저벅. 누군가가 다가와 나를 살짝 안아서 일으켰다. 겁 먹은 내가 슬쩍 눈을 떠보니, 다행히 맨 뒤에 앉아 있던, 핸드볼부의 키 큰 친구가 나를 안고 있었다.

이건 다정한 연하남에 대한 아련한 기억도 아니고, 변태 교사에 대한 분기탱천도 아니다. 나의 공포증이 꽤 오래되었다는 증거라고 할까? 나는 불안이 많아 수많은 것들을 무서워한다. 대표적으로는 흔히 겪는 고소공포증이다. 조금만 위로 올라가면, 발밑이 간질간질하고, 머리가 어지러우며 속이 울렁거린다. 에스컬레이터라고 해도 높은 곳으로 서서히 올라가면 곧 떨어질 것 같아 땀이 난다. 그러다 보니 대관람차라든지, 케이블카 같은 것도 타지 못한다.

폐소공포증도 있다. 아마도 어린 시절 여동생과 장난하다가 생기지 않았을까. 우리는 다른 많은 아이들처럼 서로에게 이불을 덮어서 못 나오게 하거나, 몸으로 눌러

찌그러트리는, '샌드위치' 놀이를 즐기곤 했다. 이거 한두 명이 누를 때까지는 버틸 만한데, 앞이 보이지 않는 상태에서 네다섯 명이 몸을 누르면 '이러다 죽을 것 같다'는 공포를 느끼게 된다. 그 이후로 갇히는 상황이 극도로 겁난다. 침대 벽 쪽에 붙어만 자도 답답하다. 비행기를 탈 때도 복도 쪽에 앉기를 선호하고, MRI를 촬영할 때처럼 폐쇄된 통 안에 들어간다고 생각만 해도 손에 땀이 차오른다. 만원인 엘리베이터 내부나 지하철 안에서는 공기가 답답하고, 주변 사물이 조금씩 조여오는 듯한 느낌을 받는다. 물속에 빠져 공기가 희박해지고, 숨조차 쉴 수 없는 느낌이랄까.

그때마다 단추를 몇 개 풀거나 목도리, 무거운 겉옷을 벗고 심호흡한다. 뇌를 비우고 아무 생각도 하지 않으려고 노력한다. 특히 얼마나 시간이 지났는지 세지 않으려 하는데, 의식할수록 시간은 느리게 흘러간다. 스스로에게 '괜찮아. 금방 움직일 거야. 아무것도 아니야'라고 말을 걸어도 좋고, 누군가와 함께 있다면 대화를 나누는 것도 진정하는 데 도움이 된다.

피 공포증도 있다. 건강검진 때마다 매번 긴장한

다. 몇 년 전에 건강검진에서 대장 내시경을 받느라 장을 다 비운 탓인가, 피를 세 통이나 뽑은 탓인가. 병원에서 30분 정도 일어나지 못한 적도 있었다. 그다음부터는 "저 피를 뽑다가 쓰러진 적도 있어요"라고 이야기한다. 미리 말하고 나면 마음이 조금은 편해진다.

뾰족한 물건이 내 방향으로 향해 있는 거도 싫고, 커다란 새를 만나는 것도 무섭다. 작은 새를 마주할 때는 아무렇지 않은데 올빼미·부엉이·독수리 등을 생각하면 머리끝이 쭈뼛쭈뼛 서는 기분이 든다. 이 외에도 사소한 것들, 그래서 조금은 꺼려지지만 어쩔 수 없이 다루는 것들도 많다.

공포는 잠재된 위험을 피하기 위한 자연스러운 방어책이라고 한다. 수렵채집 시절에 무분별하게 높은 곳에 올라가거나, 어딘가에 갇혀서 빠져나오지 못하거나, 커다란 새가 자신의 아이를 채어가는 걸 사전에 막기 위해서 생겨난 감정이라는 말이다. 내가 구석기시대에 태어났다면 불안이 직접적으로 쓰일 수 있었을 거다. 시력이 좋으니 저 멀리에 있는 맹수들이라도 기척을 빨리 알아챘을 것이다. 오만가지 사물에 관심이 많으면서도 겁도 많으니, 먹을 수 있는 것이나 못 먹을 것들을 능히 구별했을지도 모른다. 게다가 높은 곳을 싫어하니, 다른 사람들에게 잔소리해서 몇몇의 목숨을 구했을지도 모르겠다.

어느 날 친구가 나에게 말했다. "너는 저 멀리서 살인자가 바라보기만 해도 도망갈 애야." 예민하고 겁많은 나는 이상한 낌새만 느껴도 삼십육계 줄행랑을 친다. 벗어나고자 했던 공포도 쓰임이 있다. 나는 극심한 비행기 공포증을 앓고 있었다. 비행기를 타기 사흘 전부터 죽을까 두려워 덜덜 떨었으니까. 날아가는 비행기 안에서는 실제로 지금 추락하고 있다고 느꼈다. 떠올리기 싫은 기억이긴 하지만, 그 공포를 겪었기 때문에 다른 관점에서 사람들을 이해할 수 있다. 그 '가짜 공포'가 얼마나 생생한지, 벗어나기가 얼마나 힘든지 안다. 어떤 감정들은 '의지'로 벗어날 수 있는 문제를 넘어선다.

처절하게 공포를 느꼈기 때문에, 안간힘을 써서 그것에서 빠져나오고 나서야 내 다른 공포들이 조금 옅어졌다. 정말로 실재하지 않음, 머릿속 생각임을 알았다. 아직까지 완전히 벗어나지는 못했지만, 확실히 도움이 되었다. 나의 아들은 일명 '다수의 장신구 공포증'이 있다(실제 학명이 아닌 우리끼리 만든 용어다). 자기는 반짝이는 보석, 예컨대 반지·목걸이 같은 것들이 진열된 금은방에 가면 너무나도 무섭단다. 하나씩 단독으로 놓여 있으면 괜찮은데, 다 모여 있으면 그 빛들이 자신을 찌를 것만 같다고 한다. 난 겪어보지 못한 공포이지만 이해할 수 있었다. "그래, 무서울 수 있지. 엄마는 이해해." 그렇게 불안증은 나에게, 주변 사람에게, 사회를 향해 쓰이고 있다.

우리는 서로 다른 '몸'들이기에 서로 다른 '공포'를 느낀다. 다른 사람은 전혀 이해할 수 없을 사소한 부분이라 해도 신체는 다르게 반응한다. 우리는 서로를 완전히 알 수 없지만, 이해할 수 있다. 장신구를 두려워하는 이의 손을, 큰 새를 무서워하는 이가 옆에서 잡아준다. 누구는 높은 곳을 싫어하지만, 떨어지는 비행기에서 추락하고 있다고 느끼는 이의 마음을 이해해 준다. 곁에서 서로를 들여다보고, 함께 모여 살며 서로를 보완한다.

이 때문에 우리가 삼삼오오 모여 살아가고 있는 게 아닐까.

어디까지가
나의 몸일까

수요일 오전마다 일리치약국으로 향한다. 평소에는 세미나를 하거나 화장품이나 먹거리 등을 구매하러 들르지만, 이날은 다른 일이 있다. 약국에서 아르바이트를 하는 날이기 때문이다. 약국 문을 열면 언제나 한약 냄새가 나를 반긴다. 아침에는 밤새 달인 한약 냄새가 더 진하게 난다. 일리치약국의 약탕기는 총 네 개로, 작은 공간 안에 옹기종기 모여 있다. 손님들은 주로 쌍화탕을 주문하고, 여름엔 생맥산이 유행한다. 개인적으로 의뢰한 한약들이 준비되어 있을 때도 있다. 약탕기 네 개가 모두 차 있으면 그만큼 그날 할 일이 많다는 의미이지만, 그럼에도 왠지 마음이 그득해진다.

약탕기 도자기는 크고 무겁다. 도자기 안에 뜨거운 한약들이 가득해서, 처음에는 쏟을까 봐 심장이 쫄깃했다. 전날 약재들과 함께 물을 약탕기에 가득 넣어놓으면, 열두 시간 동안 천천히 달여진다. 내가 할 일은 전날 달여 놓은 한약을 포장하는 것이다. 손을 깨끗하게 씻은 후 커다란 약탕기를 내리고 그 안에 있던 한약 보자기를 꺼낸다. 큰 냄비에 한약을 옮겨 담고, 혹시나 한 방울이라도 남아 있을까 싶어 한약 보자기를 쥐어짠다. 바로 소분해서 비닐 포장해도 되지만 약이 변질될 수 있으므로 이를 방지하기 위해 다시 가스 불에 팔팔 끓인다.

한약이 든 냄비를 들고 주방과 약국을 왔다 갔다 한다. 팔에 힘줄이 불끈불끈 솟는다. 비실비실한 무릎에 긴장감이 돈다. 냄비를 불 위에 올려놓고 기다리는 동안 약탕기를 하나하나 물에 씻는다. 이때 갈색 물이 흘러나오는데, 그냥 버리기엔 아깝다는 생각이 든다. '약재 물로 손을 씻으면 피부가 촉촉해지지 않을까…' 잠깐 딴생각을 하고 있으면 한약이 파르르 끓어버린다. 긴장을 늦출 수 없다. 후다닥 달려가서 불을 끄고 다시 한약이 든 냄비를 가지고 돌아온다. 그리고 소분해서 진공 포장 기계에 약을 붓는다.

한약 포장기는 참 신기하다. 기계인데 마치 사람처럼, 딱딱 정확한 결과물을 내놓지 않는다. 하나의 도자기에 담긴 양을 '한 제'라고 한다. 쌍화탕을 기준으로 한 제는 120그램에 30팩 정도가 전후로 나온다. 그런데 기계에 포장 용량을 120그램으로 설정해도 130그램이 나온다. 120그램으로 포장하고 싶으면 기계에 114그램을 입력한 후 포장 개수를 한두 개 줄여야 한다. 포장용 기계는 왜 입력한 수치대로 뽑아내지 못할까?

일리치약국의 숙련된 일꾼인 로이의 진두지휘 아래 일을 배울 때는 아무런 문제 없이 척척 포장해냈다. 하지만 혼자 호기롭게 이 기계를 가동했을 땐 아뿔싸 96그램이라는 턱없이 작은 양을 포장해 냈다. 분명 114그램으로 입력하고 총량도 잘 넣었는데…. 내가 애송이라는 사실을 어떻게 안 거지? 부랴부랴 로이를 다시 소환했더니, 기계가 정상적으로 120그램을 포장해 냈다!

기계도 인간과의 상호작용 안에서 관계한다. 쌍화탕

은 보기에도 탁하고, 상대적으로 생맥산은 맑다. 농도에 따라서 포장량이 조금씩 달라진다. 더우면 더운 대로, 습하면 습한 대로 날씨에 따라 결과물이 다르다. 여러 번의 시행착오와 실패를 지나, 기계에 다정한 말을 걸다 보니 이젠 친해진 것 같다. 능숙하게 쌍화탕을 뽑아낸다. 그 과정을 네 차례 반복한 뒤 포장기계를 말끔히 씻는다. 한약 주머니를 한곳에 모아서 팍팍 삶은 뒤 햇볕에 말려 놓으면 끝이다.

매번 일리치약국의 쌍화탕을 사 먹었지만, 만드는 데 자잘한 공정이 이토록 많을지 몰랐다. 그냥 버튼만 턱턱 누르면 쌍화탕이 나온다고 생각했을지도 모르겠다. 모든 것엔 여러 사람의 수고로움이 묻어 있다. 처음 한약 포장 아르바이트에 지원했던 이유는 나의 수고로움으로 무언가를 만들어내고 싶어서였다. 가정주부로서 업무에 시달리면서도 의미 있는 무언가를 생산해 내지 못하는 것 같아 무기력했다. 왜 그랬을까. 무가치한 일을 하고 있다는 생각이 내 마음 한구석에 있었던 걸까. 그래서인지 무엇을 소비하는 것이 아닌, 두 다리와 두 팔을 쓰며 만들어 가는 과정이 필요했다. 일주일에 두 번 출근하고, 정기적으로 일을 하러 가다 보니 조금씩 집안일의 의미도 이해하기 시작했다. 티 나지 않아도 매일 해야 하는 집안일이 일상을 이어가기 위한 중요한 업무라는 사실을 말이다.

출근하고, 익숙한 사람들과 가벼운 일상을 나누고, 쌍화탕 기계를 켜고, 그 기계의 이야기를 듣고, 하나씩 포장하고, 포장된 쌍화탕을 누군가에게 보내고, 그것을 마신 사람을 변화시킨다. 또 그 변화는 함께 있는 다른 사람에게 전해지고, 돌고 돌아 나에게 돌아온다. 사람들과 다른 모습으로 관계 맺고, 기계와도 상호작용하면서 몸으로 세상과 소통하는 것이 즐겁다.

집에 돌아가면 팔목도 쑤시고 온몸에는 한약 냄새가 난다. 일한다는 건 분명 의미 있는 활동이지만, 한편으로는 몸에 무리를 준다. 그래서 충전하는 시간이 필요하다. 옷을 갈아입고, 간단하게 손발을 씻고, 크고 폭신한 우리 집 소파에 앉는다. 마사지기에 손목을 밀어 넣는다. 비스듬하게 누워서, 코끝을 스치는 쌍화탕 냄새를 맡으면서 잠깐 자는 오후 시간, 온몸의 긴장을 쭉 풀고 누운 이 시간이 정말로 행복하다.

글을 통해 낯설고 어색했던 나의 몸과 만났다. 제대

로 쓰지도 못하면서 미워했던 시간들을 통과하면서 다른 사람들과 몸으로 맺었던 관계들이 떠올랐다. 첫 키스, 친구와의 가벼운 포옹, 어깨를 토닥이던 감촉, 눈빛을 교환하면서 나눈 이야기, 인사하면서 흔드는 손 등 모든 따뜻했던 순간이 생각난다. 우리는 그 속에서 얼마나 많은 것들을 서로 나누었을까. 그 모든 순간에 서로의 몸이 이어지지 않았을까.

세상엔 '보통'의 몸은 없다. '1등 몸'도, '꼴등 몸'도 없다. 그 사실을 다른 몸들과 관계를 맺으며 알았다. 다양함 속에서 내 몸을 보고, 땀을 섞어가면서 부딪혔다. 무서운 것들은 함께하는 관계를 통해서만 넘어설 수 있었다. 돌봄은 곧 관계의 확대고, 관계의 확대는 나를 다른 차원으로 끌어올리는 일이다. 그런 몸들 사이의 관계 맺음 속에서 내 몸을 어떻게 돌봐야 하는지 알아간다.

결국 가장 중요한 것은 거기에 있다.

에필로그

'몸'을 출발점으로
시작하기

3년 동안 연재됐던 「몸의 일기」의 첫 번째 주자는 이유하였다. 이유하는 몸무게, 자궁근종, 다한증 등등 시시콜콜하면서도 내밀한 이야기를 '엉뚱발랄'하게 들려줬다. 몸의 일기를 쓰며 처음으로 자신의 몸을 주의 깊게 들여다봤던 그는 이제 '운동하고 싶은 몸'이 되었다. 1분 달리고 2분 쉬는 런닝으로 시작해 지금은 30분을 쉬지 않고 달리는 몸으로 나아가는 중이다.

유방암 수술의 '비포와 애프터'를 기록했던 노라는 최근 진단 후 5년차 검진을 받았다. 어떤 검사에서도 재발의 여지가 보이지 않는다는 소견에 기뻐하며, 다시 1년의 생명을 얻었다는 마음으로 감사하며 산다. 노라는 드물지 않게 들려오는 지인들의 암 진단 소식에 적절한 조언을 들려준다. 그는 넘치지도 모자라지도 않은, 그 정도를 아는 조언자가 되었다.

코요테는 10년 넘게 일하던 직장을 그만두었다. 잠시 쉬어가기 위해서도, 열정을 쏟아부어 하고 싶은 일이 있어서도 아니다. 노동에서 벗어나 다른 일상을 꾸려보고 싶어서다. 개를 돌보고 운동하고 장학재단 일을 하고 텃밭을 가꾸고 하다 보면 시간이 훌쩍 간다고 한다. '특별할 것 없지만 잔잔한 기쁨을 주는 일상'이라고 무심히 말하는 그의 일상이 부럽다. 미국에 거주하는 그는 지난겨울 집 주위에 코요테가 살고 있다는 사실을 알게 되었고, 코요테와 함께 살아가는 법을 고민하고 있다, 코요테가 코요테와 함께 어떻게 살아가게 될지 궁금하다.

우리들의 '요가 선생님' 작은물방울은 사서 자격증을 취득하고 도서관에서 일하고 있다. 책과 사람이 좋아 도전한 일인데 책과 사람이 싫어지게 될까 봐 애쓰고 있다. 요가에 관한 글을 쓴 후 기적적으로 고난도 동작에

성공했다는 자랑을 하고 싶지만 여전히 용을 쓰며 자세를 가다듬고 있다. 그런데 유급 노동 후의 요가는 또 다른 맛이라 써보고 싶은 마음이 들었다 말았다 한단다. 작은물방울에게 요가와 글쓰기는 선순환의 고리가 만들어진 것 같다.

피아노 초보자인 나는 며칠 전에 피아노 교습소에서 문자 메시지를 받았다. 바쁜 일은 끝났는지, 언제 다시 피아노를 치러 오는지 묻는 안부 문자였다. 그렇다. 나는 여전히 피아노 교습소 원장의 애간장을 태우는 불성실한 수강생이다. 책 한 권이 만들어지는 동안, 피아노 실력은 제자리걸음이다. 그러나 피아노 교습소에서 만난 사람들, 음악회에 같이 가는 사람들, 연재된 '퐁당퐁당 피아노'를 읽어준 사람들, 그 이야기를 한 권의 책으로 만들며 묶인 사람들… 시작만 했을 뿐인데도 많은 인연이 생겼다.

시작만 했을 뿐인데, 시작 전과 후의 우리는 달라졌다. '시작이 어렵다'는 말이 있다. 어려운 시작을 우리는 곁의 친구들 덕분에 얼떨결에, 용기를 내서 시도했다. 우리의 각기 다른 시작은 '몸'에서 출발해 각자 다른 방향으로 나아갔다. 무얼 시작해 볼까 망설여진다면, 자신에게 착 달라붙어 있는 몸을 관찰해 보자. 불쑥 나온 뱃살, 얼굴의 기미, 종아리의 알통, 반쯤 벗겨진 매니큐어… 많은 신호들이 출발점을 가르쳐줄 것이다.

다니엘 페낙의 소설 『몸의 일기』를 읽고 나서 문득 내 몸을 바라보게 된 우리처럼, 얼떨결에 시작되는 더 많은 몸의 일기'들'을 기대해 본다.

2025년 가을, 저자들의 마음을 모아 박연옥 씀

몸의 일기

초판 인쇄	2025년 9월 30일
초판 발행	2025년 10월 10일

© 박연옥 코요테 작은물방울 노라 이유하 2025

지은이	박연옥 코요테 작은물방울 노라 이유하
펴낸이	최아영
교정	이지은
마케팅	이 책을 읽은 당신
디자인	김선미
인쇄	제이오
펴낸곳	느린서재
출판등록	2021-000049호
전화	031-431-8390
팩스	031-696-6081
전자우편	calmdown.library@gmail.com
인스타	@calmdown_library
뉴스레터	calmdownlibrary.stibee.com
블로그	blog.naver.com/calmdown_library
ISBN	979-11-93749-29-6 03810

• 이 책은 저작권법에 따라 보호받는 저작물이므로 무단 전재와 복제를 금지합니다.
• 이 책의 전부 또는 일부 내용을 재사용하려면 사전에 저작권자와 느린서재의 동의를 받아야 합니다.
• 잘못된 책은 구입하신 곳에서 바꿔드리며, 책값은 뒤표지에 있습니다.
• 느리게 읽고 가만히 채워지는 책을 만듭니다. 느린서재의 서른한 번째 책을 구매해 주셔서 감사합니다. 이 책은 문탁 네트워크의 〈몸의 일기〉 세미나를 바탕으로 만들어졌습니다.
• 이 책의 본문은 그린라이트 80g, 표지 종이는 레자크(#91) 200g 종이를 사용하였습니다.